U0890883

镇江市哲学社会科学界联合会

镇江市长江大运河文化研究中心

大运河文化带建设研究院镇江分院

镇江市旅游协会

镇江市旅游学会

联合出品

《江河交汇看镇江——文韵潮生》
（2021 年成果）

编委会名单

江河交汇看镇江

文韵潮生

钱 兴 顾海萍 孙宇佳
主编

江苏大学出版社
JIANGSU UNIVERSITY PRESS
镇 江

图书在版编目(CIP)数据

江河交汇看镇江. 文韵潮生 / 钱兴，顾海萍，孙宇佳主编. -- 镇江 ：江苏大学出版社，2022.11
ISBN 978-7-5684-1870-6

Ⅰ. ①江… Ⅱ. ①钱… ②顾… ③孙… Ⅲ. ①大运河—文化研究—镇江 Ⅳ. ①K928.42

中国版本图书馆 CIP 数据核字(2022)第 183525 号

江河交汇看镇江：文韵潮生
Jianghe Jiaohui Kan Zhenjiang：Wenyun—Chaosheng

主　　编/钱　兴　顾海萍　孙宇佳
责任编辑/夏　冰
出版发行/江苏大学出版社
地　　址/江苏省镇江市京口区学府路 301 号(邮编：212013)
电　　话/0511-84446464(传真)
网　　址/http://press.ujs.edu.cn
排　　版/镇江市江东印刷有限责任公司
印　　刷/江苏凤凰数码印务有限公司
开　　本/710 mm×1 000mm　1/16
印　　张/13
字　　数/240 千字
版　　次/2022 年 11 月第 1 版
印　　次/2022 年 11 月第 1 次印刷
书　　号/ISBN 978-7-5684-1870-6
定　　价/50.00 元

如有印装质量问题请与本社营销部联系(电话：0511-84440882)

前言

2021 年是镇江市大运河文化带建设研究中心成立的第三年，在镇江市委宣传部大运河办公室、市社科联的指导下，研究中心克服种种困难，以《镇江市大运河文化带建设研究三年行动计划》为依据，积极开展各项研究工作，取得了不俗的成绩：主要是搭建了一个研究平台，形成了一支研究队伍，产生了一批研究成果，展现出一些研究的亮点。学者们不遗余力地深入挖掘镇江市大运河文化的内涵，从历史文化、经济发展、传承传播、环境生态等多个角度拓展研究的深度与广度，既立足镇江本地，又放眼江苏乃至全国；既以实地考察调研为基础，又以史料数据为根本，采用多种研究手段和方法，得出不同的结论与观点，很好地为镇江市大运河文化带建设提供了理论基础和科学参考。

作为一座运河沿岸的历史文化名城，镇江的城市格局与运河有着密不可分的联系。自秦始皇遣赭衣徒凿丹徒水道以来，镇江历经 2200 多年，见证了运河之变迁。重峦叠嶂的长江之畔、碧波荡漾的运河水、流传千古的传说故事、四处可见的庙宇楼阁、耳熟能详的诗词名句……共同孕育了江河交汇处这颗闪亮的明珠。而今，在国家顶层设计的引领下，江苏制定了“1+1+6+11”规划体系，构建了 23 个核心展示园、26 条集中展示带、153 个特色展示点形成的空间展示体系。镇江市也积极做好谋划，规划先行，以保护为本、传承为魂、利用为要，紧扣“江河交汇　山水名城”的城市定位，围绕“江河交汇津渡文化示范区、古今水利航运科技文化体验区”的目标定位，推动大运河文化创造性、创新性发展，奋力打造镇江样板、形成镇江特色。

目前，镇江古运河已形成了“上段——古韵之河、中段——休闲之河、下段——生态之河”3个特色河段，以“古商市井、虎踞南门、丁卯揽古、丹徒追古、运河屋脊”为核心景观的5个功能区段。镇江市京杭大运河主航道正在全面打造绿色生态美化工程。古老的镇江大运河在新的历史时期正展现出新的生机与面貌，它一定会成为一条名副其实的“致富河”和“幸福河”！

本书选取了2021年镇江市社科应用研究“大运河文化带建设研究”专项课题的部分优秀成果，整理、修改后汇编成册，希望为大运河文化爱好者、研究者和建设者提供一点启发与借鉴。

2022年10月31日，中共镇江市委宣传部正式发文同意镇江市大运河文化带建设研究中心更名为镇江市长江大运河文化研究中心，未来学者们的研究范围会进一步扩大。将大运河文化带建设与长江国家文化公园进行深度融合是时代赋予我们的课题，我们将深入领会党的二十大报告精神，汇编更多更优秀的研究成果给读者，为建好用好国家文化公园添砖加瓦！

镇江市长江大运河文化研究中心

大运河文化带建设研究院镇江分院

2022年11月

目 录

CONTENTS

历史文化保护

价值意义传承

内涵功能利用

历史文化保护

宋代大运河镇江段漕运、军事对镇江城市格局影响研究

顾　婷*

大运河是世界上规模最大、长度最长的人工河流，是活着的、流动着的文明。镇江至杭州段之间的江南运河，不仅是大运河中较早开凿的河道之一，也是迄今为止仍运行畅通的区段。大运河的开凿是一项伟大的、持续的水利工程，她不仅为沿岸居民提供了商贸通道、舟楫之便、灌溉之利，也是调配南北物资、维系一国命脉的重要载体。大运河镇江段，始于秦，拓于隋，兴于宋，迄今已有2200多年的历史，承担漕粮中转、军资调配、水利灌溉等功能，大运河的开凿与功能对镇江城市格局演化、社会经济发展产生了深远影响。

一、大运河镇江段漕运历史发展脉络

漕运即水道运粮，是历代封建王朝为集中粮赋而采取的一种特殊运输方式。《古今图书集成》引明代邱浚《大学衍义补》记载："前此，未有漕运之名也。而飞輓，始于秦。"[1] 漕运兴于秦、亡于清，前后经历了2000余年，运河漕运的兴衰与城市的盛衰起落息息相关。

镇江位于江南运河的北端起点，是长江与大运河的交汇点。秦

* 顾婷，江苏科技大学图书馆馆员，研究领域：文化服务和文献资源建设。

汉时期丹徒古运河水道入江口经丹徒镇、大港镇一带，后逐渐向西迁移。秦朝统一六国，对江南古运河进行了改造，始皇帝“遣赭衣徒三千人”，在江南古运河和百尺渎的基础上，在丹徒、曲阳“凿破长陇”“截其直道”，形成镇江至丹阳的运河。元《至顺镇江志》中称“漕渠之凿自秦始，历代因之”[2]。“秦凿丹徒、曲阿，齐通吴会，隋使穿广”[3]，点明秦代进一步开浚的丹徒水道是后来江南古运河北端的雏形。这一时期全国的经济重心在北方，漕粮多半取之关中、山东发达地区，受水运条件、造船技术、漕运经验的约束，漕运并不具规模。

三国至南北朝时期，地方政权割据，漕运并不兴盛。“孙吴都京（今江苏镇江），曾疏凿杜野（今镇江市东 15 里）至小辛（今丹阳市北 10 余里）的徒阳运河。迁都建业（今江苏南京）后，又开凿小其（今江苏句容东南 17 里许）至云阳西城（今句容县南唐庄）间 30 余里破冈渎，立仓储粮，以避长江漕路风涛险恶。”[4] 两晋时期，经济中心南移，江南运河成为沟通南北漕运极为重要的路径。西晋后期，中原丧乱，粮食匮乏，而南方米谷却十分富足，西晋朝廷组织漕运，以江东粮谷接济中原。粮食北运，最远越过淮河，送到河北临漳附近。由京口过江的航线已成为南方漕粮北上入淮以达中原的主要航线。南朝齐时全面修治丹徒水道，主要入江口也向西延伸至大京口（一说唐时迁徙至大京口）。

隋朝时南北大运河全线贯通，连接海河、黄河、淮河、长江、钱塘江五大水系。江南运河段的开凿拓宽始于隋大业六年（610），《资治通鉴》载曰：“自京口至余杭，八百余里，广十余丈，使可通龙舟。”江南运河的北段利用原有的徒（丹徒）阳（丹阳）水道拓宽而成。此时，全国经济重心开始向江南转移，南粮北运渐成定制。江南运河（京口—余杭）中镇江节点位置奠定了其在江河水运中的枢纽地位。江南地区的大量漕粮和物资通过大运河由镇江输往洛阳，漕运从此延续了千余年。漕运的兴盛促进了城市社会经济文化的繁荣，镇江逐渐发展成为东南地区的商业都会。

唐朝加强了河道水工修筑。江南运河地势高，河水浅涸而通航不畅，漕船由京口过江时需向西绕过瓜洲沙尾（今仪征东）才能抵达北岸的扬子桥，经常“纡江六十里，舟多败溺”，严重影响南北漕运的效率。开元二十二年（734），创立京口埭[5]。开元二十六年（738）润州刺史齐澣开凿伊娄河，缩短了过江的距离。经京口港北运的漕粮主要运往唐东都（今洛阳市）的含嘉仓和京师的太仓。唐高宗时期，官僚机构膨胀，官员人数的增加造成“俸禀之费，岁巨亿万，徒竭府藏”。再加上改行募兵制，兵农分离，兵数增多，“所费广者，全在用兵。所谓漕运，全视兵多少”。这时，京口港漕粮中转数量上升，当时的诗人陈子昂说：“即目江南、淮南诸州租船数千艘已至巩洛，计有百余万斗。”“安史之乱”后国家军政费用和粮食更加依靠江淮，润州漕运中转更加繁忙。中唐德宗时，“浙江东、西岁运米七十五万石”，必经润州港口中转，而经此中转的两浙漕粮约占全国漕粮总量的四分之一以上。

镇江段大运河历史上曾建有大京口、小京口、甘露口、丹徒口、谏壁口五个入江口。北宋时期大小京口运输繁忙，水工技术先进，大京口建造了四级复式船闸，并设置归、积水澳，其建造原理已与现代船闸并无二致。南宋嘉定年间又将水澳与甘露港相连，甘露港亦建复式船闸，通过水澳与大京口相通，形成了多重结构的澳闸系统，兼有蓄引水、航运、码头、储运等多种功能。京口港口既要中转各路漕粮贡赋，还要承担军粮的发送，镇江水运地位举足轻重。南宋时期长江粮谷物资东输，“国家驻跸钱塘，纲运粮饷，仰给诸道，所系不轻。水运之程，自大江而下至镇江则入闸，经行运河，如履平地。川、广巨舰，直抵都城，盖甚便也”[6]。南宋末年，京口港的地位更加显著，全国大部分漕粮经镇江中转都城临安（杭州），除了将长江中游的漕粮中转送至临安外，镇江还负担着将粮饷物资转输到两淮的任务。镇江由此逐步成为全国粮食的仓储、转运中心和南北货物集散中心。

明代重浚大运河，运河作为漕运主道，对镇江水运的发展起到了极大的促进作用。与此前不同的是，明朝允许漕丁随船附带土特产且免征税钞，沿途贩卖，促进了漕道商运的发展，镇江不仅是漕粮运输的重要枢纽，而且是商品交流的重要市场，大批漕丁南下北上，运载大量货物在此交易，镇江成为南北商贸交流之地。

清代的江南运河历经康、雍、乾盛世百余年的整饬，成效卓著。清初实行海禁，江西、湖广、浙江、江苏四地“南粮”均须由运河运送北上，镇江转输的漕粮比明代更为巨大，为“杭、嘉、湖、苏、松、常六郡运河入江之道”。“京口一带运河为南北咽喉”一直持续到清中期。清初诗人查慎行途经大运河镇江段时，描述大运河繁华盛景：“舳舻转粟三千里，灯火沿流一万家。”清后期，政府对漕运进行重大改革，实施漕粮海运与改折征收政策，昔日繁盛的内河漕运逐渐停运并最终退出历史舞台。

二、宋代大运河镇江段漕运

1. 漕运制度

两宋时期，东南漕运空前兴旺，无论是规模还是范围都突破前朝，这得益于当时的漕运制度不断完善，漕运的组织、机构、政策严密、健全。此时，镇江逐步成为全国粮食的仓储、转运中心和南北货物集散中心。组织机构方面，完善专职漕运官僚机构。收夺地方最高长官各路节度使行政权力，设立诸路转运使（漕司）负责各州县的赋役征收解运工作。在中央设立三司使，负责全国财政包括各地漕运，其下设专管漕运的发运司。此外，创设治河专官，对漕运河道达到空前治理。漕运政策上，在继承唐代“转般法”基础上进行革新，先后经历了杨允恭、徐元、薛向等人数次改革。杨允恭改革重点一是明确规定漕运路线：“江、浙所运至于淮、泗，由淮、泗输京师”；二是确立完善的转般制度：“凡水运自江淮、南剑、两浙、荆湖南北路运，每岁租籴至真、杨、楚、泗州，置转般仓受纳……”[7] 对江、淮六路漕米转般、仓储进行明确规定。徐元在杨允恭基础上对

“和籴制”进行强化，“江南不稔，则取之浙右，浙右不稔，则取之江淮”[8]，调节区域之间的漕粮不均问题。薛向推出“均输法”，针对汴京与东南六路供需脱节的矛盾提出调整和改变定额指标及“以粟转为钱、为银绢，以充上供之物”[9]“徙贵就贱，用近易远”[10]等措施保证漕运的顺利进行。北宋徽、钦二宋时代（1101—1126）政治腐败，漕政衰败。崇宁三年（1104），蔡京执政，将转般法改革为“直达法”，粮食物资直接送达汴京，虽减少了往返次数，但增加了漕运管理的难度。

2. 漕粮征收、中转、仓储

北宋伊始，南方还未统一，漕运重点在北方，“岁漕百余万石”[11]。宋太宗统一江南后，东南漕运随之发展，“岁漕米至八百万石，或疑其多”[12]，超越北方漕粮量。淳化四年（993），“江南东路①九十九万一千一百石，七十四万五千一百石赴阙，二十四万五千石赴拱州”[13]，巨额漕粮征运的背后是广大纳粮地区沉重的赋税。景德四年（1007），宋廷取至道二年（996）至景德二年（1005）十年间的酌中之数确定年上供六百万石米纲立额，北宋的东南漕粮的供应主要是由当时的淮南路、江南东西路、荆湖南北路及两浙路这东南六路地区提供。东南六路漕粮各有定数发往各自的目的地。《至顺镇江志》据《祥符图经》记载，镇江四县（丹徒、丹阳、金坛、延陵）秋租有苗米、糯米、大豆、盐米、芦蔗等，其中“粳米五万二千二百七十三石”“糯米五千九百九十二石”“大豆五千八百五十三石”等，“镇江路公田租额太重，仰照勘回申行”[14]。

南宋时期，江南运河地位凸显，作为南宋临安与各地联系的重要线路，太湖、钱塘地区漕粮、贡赋由江南运河运至镇江，再转运北方，甚至其他地区物资也从此处中转。镇江成为这条漕路上重要的中转口岸，不仅要将漕粮中转到临安和两淮，同时还要为江淮战场提供军粮保障，成为封建王朝运输生命线上的咽喉。《嘉定镇江

① 江南东路是中国宋朝（960—1279）的地方行政区之一，民间称为江东或江南，首府位于江宁府（南京），包含今江苏、安徽的长江以南地区，江西的东北部地区。

志》中提到“京口当南北之要冲，控长江之下流……国赋所贡，军须所供……入漕渠而径至行在，所甚便利也”[15]。苏州、湖州、秀州、润州等地是最大的产粮区。所产稻米，除供本州消费外，大多通过运河输往临安，供应居民或储备以应急用。漕运最初以粮食为主，随着后期发展，所运货品逐渐扩充至布帛、细缎、铀器、铁器、茶、盐、鱼等。此后各地进贡贡品也在镇江集结北运。《瓜洲伊娄河棹歌》描绘了镇江漕运盛况：“粮艘次第出西津，一片旗帆照水滨。稳渡中流入瓜口，飞章驰驿奏枫宸。”

北宋，长江、江南运河沿岸的隆兴府、湖口等地设置转般仓。高宗绍兴七年（1137）初创镇江、建康转般仓，运使向子諲乞置仓，以转般为名[16]，并在京口大军仓西面重新设立转般仓。初办时仓廒数和仓容量不详，直到开禧初（1205—1207），增为五十四廒储米六十余万石，嘉定甲戌（1214）又增廒宇二十座[17]。2009 年镇江市双井路发现南宋镇江转般仓遗址，北宋仓基共 2 座，南宋仓基 8 座[18]，南北依次排列，布局规整，规模相当宏大。它是迄今为止，我国发现的唯一一处年代准确、形制完整的宋代转般仓实物遗址，具有极大的研究价值。仓储设置与运营，使镇江成为粮食仓储中心。

3. 镇江段漕路治理

为确保大运河这条命脉顺畅，漕路治理尤为重要。江南运河北端即镇江至太湖无锡，地势高，水位浅，宋朝对其开展了疏浚河道、修筑闸堰、整治练湖等措施。关于河道疏浚方面，《嘉定镇江志》记载乾道六年（1170），疏浚了自丹阳南面往北至夹冈一段；乾道八年（1172），疏通了从丹徒利涉门之北至长江岸边的一段；淳熙二年（1175），又疏浚了京口闸河以北至江口的一段。宋代镇江的运河主要通过京口闸以联通城内的漕渠。由于河道淤塞，宋仁宗天圣年间，在蒜山渡口新开了一条河，接通江南运河进入长江，又称蒜山运河，运河渡口称为西津渡。宋仁宗后期，运河曾一度淤塞，两浙转运副使组织人力“疏润州蒜山漕河抵于江，人以为便”[19]。北宋末年京口运河功能恢复，蒜山运河又随之被冷落而逐渐淤塞，直至政和六年（1116），宋徽宗下诏："镇江府旁临大江，舟楫往来，每遇风涛，无港河容泊，以致三年间覆溺凡五百余艘。访闻西有旧河……宜令发运司计度浚治。"[20] 筑闸堰方面，北宋时期，镇江段江南运河建有大京口、小京口、甘露口、丹徒口、谏壁口五个入江口，漕船由江口入闸，"径行运河，如履平地"。嘉定年间（1208—1224）镇江闸口水道淤塞，城内渠岸"狭不盈尺"，镇江五闸（京口闸、腰闸及下、中、上闸）也因此"积岁不开，木圮石泐"迫使漕船沿江东下。嘉定十年（1217）镇江知府史弥坚与转运副使吴镗改造江口至南门的漕渠。次年，又开挖了旧归水澳，改修归水澳旧闸使之接通漕渠。"同时，他在甘露寺修建上、下二闸'候潮登否，以益纳上流之舟'，又在北固山因势造秋月之潭，作为船只停泊、避风的港口，旧有的水闸也全部增筑、修葺一新。"[21] 整治练湖方面，练湖东晋又叫曲阿后湖，唐代又叫练塘，是江南运河的咽喉所在，为济漕运、溉民田之用，宋朝时对练湖更是多次进行整治。《至顺镇江志》记载绍圣二年（1095），政府下诏于"练湖修葺堤岸、石跶、石木沟"以控制湖水的蓄泄。宣和五年（1123），因练湖堤岸损缺严重，无法贮蓄山水，"本路漕臣命镇江州县官详度利益，乘农隙时次第补葺"。南宋年间也曾数次疏浚，《嘉定镇江志》记载淳熙二年（1175）至咸淳二年（1266）间先后八次对练湖进行修治，修筑斗门、石跶、涵洞、加固湖堤、防范围湖侵垦，确保"民获灌溉之利，漕渠无浅涸之患"。

三、镇江军事研究

宋徽宗政和三年（1113），润州升州为府，改称镇江府，旧有驻军"镇海军"改为"镇江军"，镇江行政建置由此得名并沿用至今。镇江雄峙江南，群山拱卫，一水横陈，襟吴带楚，宋氏南渡后与金对峙，扼守江口，屏障都城，是重要的江防重镇之一。

1. 宋代镇江的军事设置

镇江自古以来是驻兵要地。宋代的兵制可分为四类：一类是禁军，即“天子之卫兵”，承担守卫京师、备预征伐作用，由天子掌控。一类是厢军，即“诸州之镇兵，以分给役使”。一类是乡兵，即“选于户籍或应募”是一种地方军队。一类是藩兵，“始于国初，具籍塞下”守卫边境。镇江驻有禁军、厢军、乡兵。禁军除驻守京师外，也驻守地方。由于宋代用军主要是在北方，禁军驻扎南方不多，以全国各路遍置的地方禁军“宣毅”为例，熙宁三年（1070），京东西、河北、河东、江淮、荆湖、两浙、福建各路的宣毅军指挥①174个，江淮地方的宣毅军16个左右，其中两浙路的苏、润、常各1个。南宋建炎以后，宋政府在江淮皆驻屯大军，有淮东泰州、镇江左军；北宋熙宁年间镇江厢军有：崇节、鼓角将。建炎以后，镇江新增设的厢军有：威果、武卫、威捷、雄节、全捷。南宋嘉定年间，从镇淮军中挑选8000余人补充镇江乡兵，乡兵无定额，作为禁军、厢兵补充。南宋时期的中营街就曾是镇江驻军的兵营所在地。镇江三种兵制中有相当一部分是水军。南宋建炎年间，始建帅府水兵。绍兴四年（1134）以横江军为名，招募500人，绍兴八年（1138）又征集1000人。绍兴三十年（1160）镇江都统制征召1000人，名制胜军。乾道三年（1167）镇江驻御前水军300人，淳熙五年（1178）约扩1500人。嘉定十五年（1222）镇江郡守招募浮水军，既能潜行水底，又可制捷疾如飞的桨船。镇江驻军自南宋以来兵种、人数不断加强，其中以水军实力发展最为迅速。镇江守军是抵御金军南下入侵，拱卫南宋政权的重要军事力量。

为加强长江沿线的军事防御，南宋设置军事机构——沿江水军制置使司，安抚使、发运使、知州、知军并听制置使节制，其治所所在地设置在沿江防御的重要据点。随着南宋内忧外患的形势变化，治所在长江中下游来回移动，并非完全固定。建炎三年（1129），水军制置使司治所设为镇江府。由于江防防线较长，制置使司不同时期的辖区有所不同。“枢密院指挥将镇江府、江阴军、平江府、嘉兴

① 指挥：宋军队营的编制，一个指挥约有500人。见《宋史·兵制》。

府一带江面，并诸戎司防江水步军，并令沿江制司节制调遣。”[22]可以看出其所辖兵种不局限于水军。镇江为水军治所，乃下游紧要的军港之一，守江论支持者镇江知府、沿江制置使王埜称：“江面几千里，调兵捍御，以守江尤重于淮，瓜洲一渡甚狭，请免镇江水军调发，专一守江，置游兵如吕蒙所言‘蒋钦将万人巡江上’，增创水舰，就扬子江习水战，登金山指麾之。”可见，水军以镇江为据点，控遏瓜洲，使金山与瓜洲互成犄角之势，成为构建江防体系的关键。

2. 宋代镇江的主要战事

镇江内控江湖，北拒淮泗，山川形胜，是南北军政形势演变的前哨阵地。南宋镇江历史上发生的战事主要有：（1）韩世忠镇江阻击战。南宋建炎三年（1129），金军渡江南侵，逼近临安，遭遇江南军民抵抗，于建炎四年（1130）被迫北归。金军撤到镇江时，韩世忠率兵 8000 人，与金军对峙于镇江东面的焦山，金军大败，行贿于韩，遭拒。随后，韩世忠率水军追击，将金军逼入黄天荡（句容北一带江面）使其被围困 48 天而难以逃脱。但最终因兵力不足，又无陆军配合被金军突围而出。黄天荡之战虽最终以失败告终，但它迫使金兵 30 年不敢渡江南侵，奠定了南宋的半壁江山。（2）虞允文镇江巧退金兵。南宋绍兴三十一年（1161），南宋文臣虞允文率领军民于采石（马鞍山市西南）大胜金军，阻遏其渡江南进。为防金兵瓜洲渡江，虞允文带兵支援镇江，在镇江改造战船、命令士兵驾驶蒙冲舰日夜巡逻，以壮声势。金军战疲，畏死不前，退兵言和。（3）宋元焦山之战。南宋德祐元年（1275）二月，丁家洲之战宋军溃败，元军乘胜攻占建康（南京）、镇江、常州等地。宋廷任将领张世杰总督诸军拒敌，率军北上，集舟师至金山，并约定殿前都指挥使张彦自常州，扬州李庭芝领兵出瓜洲，三路合击，决战元军。至期，张彦、李庭芝未到，张世杰与平江都统刘师勇、知泰州孙虎臣率舟师孤军迎战。七月初一，集水军战舰号万余艘，以十船为一舫，连以铁索，沉碇于江，横列焦山南北江面，规定非有号令不得起碇，决意孤注一掷，与元军死战。宋军战船不便机动作战、启碇不得、欲走不能，败于元军。至此一战，宋长江防线彻底崩溃，不能进行大规模抵抗。

3. *漕运与军事的关联*

漕运的产生与发展与军事活动有着紧密联系。首先，漕运是支撑各种军事活动的重要保障。“国以兵为立、兵以食为命、食以漕运为本”，粮饷运输关系军国大事。庞大的地方驻军、边境防御进攻、征讨的各方战事，都需要漕运粮饷的支持。漕运粮饷在宋代是一项常年的、大规模事业，对军队保障、战争成败起到决定作用，关系整个帝国社会政治经济的运行。其次，漕运线路对军事控防至关重要。南宋政治经济重心转移，以长江为主干，以沿长江及支流的各城寨堡垒为节点组成了一整套大纵深防御体系。在实际作战中，这一防御体系大体可以分为三个战区，即四川战区、荆襄战区及江淮战区。漕运线通向各处军事重镇，长江漕路为行军、物资运送，提供了一条天然的水路运输线。此外，漕运制度沿革，确立专门的漕运机构负责漕粮的调配、收缴、发送、押运、下卸、仓储。以水陆交通中心设置漕米转般、仓储中心，保证了军事行动时粮草的供应或当地驻军的物资需求。当然，除漕运对养兵、屯兵、用兵起到重要保障作用外，宋代军人也负责监管纲漕运输事宜与漕运官员互相牵制。粮饷数量庞大，漕道复杂，运输转装、转卸过程中往往物损严重，为保护漕运顺达，除官军随船押纲外，漕运途经水域沿路驻扎的军队，也分布于诸处巡逻防守。镇江控扼漕运咽喉，承担起漕粮输杭、军粮中转江淮的重任。宋代镇江修建了转般仓、大军仓，镇江作为重要的产粮区，所产稻米除供本州消费外，大多通过运河和转般仓输送至临安或军事阵地。此外，镇江驻军也参与到粮草物资运输中。乾道元年（1165）二月十三日，淮南转运判官韩元龙奏：“淮东路逐年收买镇江诸军一半本色马草二十五万束，赴镇江府北草场交纳……欲于瓜洲镇置场交受，令镇江府诸军用船过江前来就支，止是一水，委是快便。”[23] 漕运的军事特征在宋时镇江这座城市上完整地体现了出来。

四、漕运、军事对镇江城市格局的影响研究

1. 运河城市，人口集聚

受漕运发展影响，镇江两宋时期人口增长显著。《宋史·地理志》记载，镇江人口从太平兴国年间（976—984）的 26547 户到元丰三年（1080）增至 54798 户，截至崇宁年间达到 63657 户，总人数 164566 口。北宋末，金兵南侵，到南宋前期，镇江地区户口数略有下降，据地方志记载，宋孝宗乾道六年（1170）镇江有 63940 户，121220 口人。其后，宋金停战，休养生息，加之移民涌入，户口增长迅速，到宋理宗（1224—1264）统治时期，镇江有 187400 户、644110 口人。直至宋元战争又起，到南宋末年户口呈下降趋势。两宋镇江人口起伏除了自然增长因素外，还与北方人口大量南迁有关。靖康元年（1126），汴京危急，徽宗暂时南逃镇江，随逃的权贵官僚甚重，百姓随之亦大量南逃。绍兴二年（1132）江北南迁者络绎不绝，“平江、常、润、湖、杭、明、越，号为士大夫渊薮，天下俊贤多避地于此”。《至顺镇江志》称“宋端平丙申（1236）后，淮士多避地京口”。镇江成为移民集中地之一。北人涌入对城市文化交流、经济发展起到深远的影响。

2. 商贸发展，漕运兴城

镇江是江南漕运的转运枢纽，两浙路的物资财赋从此处过江转运京师，极大地推动了镇江的经济发展。官私商业繁荣是宋代城市发展的显著标志，《宋史》记载，镇江府在全国商税额列第 11 位。《宋史》《太平寰宇记》均记载镇江产罗、绫、锦、绢质量上乘、数量可观，俱是御用贡品。两宋时期，润州城内设有官营织造机构，所造御服“花罗”年产千匹。宋时酿酒业进步，所酿之酒除了官榷坊酤外，也允许当地自产自销，政府征收可观酒税。水运通达带动镇江造（修）船业的兴盛。宋代镇江造船厂位于通吴门樱桃园、小围桥西木场巷及江口镇内。前两处在元初就已废弃，江口造船厂可

能沿用至明代，位置在今西津渡一带。当时，临安、绍兴等地的渡口舟船都要仿照镇江式样打造。南宋嘉定年间镇江知府赵善湘调集水军500人，赶制多桨船500艘，无论风急顺逆，均疾行如飞。除了农业、手工业、纺织业进步外，商业也日益发达。两宋时期，东南的茶叶、江西瓷器经运河沿途贩销北方中原地区，有相当数量在镇江中转集散。南宋江南粮米、淮南的“茶盐丝帛”、两浙的“鱼盐布帛”、荆湖的“金铁羽毛”由镇江供应京师运往临安。运河镇江段百舟千帆络绎不绝，大小码头舟塞贾集，南北商贾、漕运官员与旗丁、船工纤夫、游人皆纷至沓来，客货运输、码头装卸、人力脚夫等服务业也应运而生。密布交错的水路，编织起镇江的商运网络，使其发展成为江南区域的中心市场，“江南名府”“浙西门户”由此而来。

3. 运河为脉，文化蔚然

镇江“以港兴城”，素有“南北要津”之称，特有的临江近海、江河交汇的地理区位使其形成了“南北兼容、东西并蓄”的多元文化内涵。两宋时期三次北方移民规模化的南迁，影响了镇江人口的结构及文化演进。语言方面，镇江话属于江淮官话，是北方话与吴语两大方言的结合部。长江与运河在镇江交汇造就了其南北杂糅、方言复杂的特点。宗教文化方面，镇江宗教文化源远流长，佛教、道教、天主教、基督教和伊斯兰教五大宗教齐全。两宋时期，金山寺、定慧寺、甘露寺已是闻名东南或全国的佛教丛林，曹洞宗、临济宗在寺院传承，金山寺成为四大丛林首刹。镇江道教茅山宗，历代宗师多得宋氏所赐“先生”称号，南宋以后逐渐式微，但仍传承不绝。山水文化方面，镇江金山绮丽，焦山雄秀，北固山险峻，丰姿各异，人称“京口三山甲东南”；镇江山水风光旖旎，素有“天下第一江山”和“城市山林”的美誉。宋人汪藻感叹：“观其千嶂所环，中横巨浸，风涛日夜驾百川而东之。其形势之雄，实足以控制南北，岂直为骚人羁客区区登览之胜哉！”无数文人墨客来此访古探幽、山水寻游。南宋时，镇江是抗金前线，守土之官、爱国士子，每登北固亭、跻多景楼，则抚今追昔，吊古伤今，抒发壮志难酬的爱国情怀。津渡文化方面，镇江港渡众多，有京口港、甘露港、西津渡、江乘渡、焦山渡等。以西津渡为代表的码头渡口舟船相接、商贾如云、店肆林立，成为镇江饮食、宗教、文学、艺术、建筑等文化交流活跃的场所。镇江救生义渡历史悠久，南宋乾道年间镇江首创官办义渡救生，体现了博爱、慈善的人文精神。

4. 对城市形态的影响

（1）宋代镇江城池的演化

汉末孙权所筑的“京城”是今镇江市区内最早出现的城池。建安十三年（208）孙权迁治京口，并在北固山前锋筑城。因“内外皆固以砖甓”又俗称“铁瓮城”。东晋时期为适应驻军、移民的涌入，镇江城池进行了东扩。隋唐镇江被称为润州，子城、夹城、罗城依次而筑。晚唐僖宗时，镇海军节度使周宝筑“罗城”（外郭城），镇江城池规模再度扩展。其将西夹城、子城包括在内，南至虎头山，东至花山湾，西至京口闸、阳彭山一侧，为宋代府城打下基础。北宋，镇江城池沿用唐代罗城。江南运河穿城而过，沿岸则形成了重要的商业区和仓储区，且民居分布四周，较为拥挤。河畔的西夹城垣阻碍了城市发展，而北固山东侧也已没落，故北宋时东西夹城逐渐消失。南宋时，镇江成为抗御金兵南下的江防要地，经常驻扎大批军队，最多时城内外设 6 个军寨——中军、前军、后军、左军、右军、游奕军。各路军寨各自在其附近开辟新门或打通缺口，漫无约束，不利防守与治安。南宋嘉定七年（1214），史弥坚奉旨主持罗城的修缮、整治，将镇江北面城墙延伸到北固山后峰，并整顿了城墙的开门情况。经史弥坚整顿，保留 8 个老城门：青阳、通吴、仁和、鹤林、登云、还京、利涉、定波；新辟 7 门：通津、甘露、跨鳌、虎蹲、放鹤、马巷、东山；各军寨私开门道约束为 11 个，一共 26 个门，其中登云门、通关门、还京门、鹤林门有城楼，其城墙基本为土城，重要地段和部分则为砖砌。此后，未加修葺，直至元初，城郭皆撤，南宋罗城日渐式微。

（2）城市空间布局

发达的水运交通促进了镇江城市坊巷的繁荣。江南运河自东南向西北穿城而过，城区另有市河三条，蜿蜒盘曲，与运河一起构成水网格局，使城市山林更添江南水乡韵味。为沟通往来，城内建桥甚多，横跨漕河的有通济桥、长桥、范公桥、嘉定桥、千秋桥、绿水桥、拖板桥等；并跨市河的桥梁更是不胜枚举。城内中心沿漕河西延伸，城内居民多沿河而居，商肆夹渠而列，鳞次栉比，是为闹市。宋时，坊巷街市设有二十八坊、八十二巷。坊巷之外还有街，五条街、十字街、上河街、下河街、税务街、屏风街、新街[24]，相互沟通。入江口京口堰人员往来、商品买卖兴盛，逐渐成为新的市井。两宋时期，京口堰多次重修改造成多级澳闸，吞吐能力增强，大型转般仓、军资甲仗库、交纱库等国家仓储沿城西运河岸边增置。金山、云台山至北固山、焦山一带，自西向东相继形成众多渡口码头。码头交通便利、商贾云集是城市发展的生长点。因此，在京口城与运河之间形成建筑面积较大的新城区，并出现了大市、小市、米市、马市和菜市共五个市场[25]。城市的性质向商贸中心发展。

南宋时期，镇江漕运枢纽地位增强，进一步刺激城市的发展，临江地区出现“东港西渡”的空间格局，即以入江口为中心的江岸东面和以西津渡为中心的江岸西面功能上初步分工。东面以漕粮水运网络为依托，汇聚了服务于漕运系统的澳闸粮仓等水利设施及官役夫差等机构人群，并沿着穿城运河在城内形成了“夹渠而列”的民居商肆；西面以南北陆路交通线的渡江节点西津渡为中心，借助蒜山漕河带动了与城内相连接区域的发展，官府也由此逐步将城墙外的江口镇、西津渡等地的管理纳入城市管理体系中。在城市防御方面，加强山水寨建设，选择形势险峻之处建立防守据点作避祸、御敌之用。《江防考》中称“江岸之防惟在京口，而江中置防，则圌山最为要云”，宋置圌山寨为守，并在金山、焦山、北固山三山险固要隘、渡口码头处加强设防。

五、结语

江南运河镇江段漕运的发展见证了镇江运河城市的兴衰，漕运的经济、军事功能在宋时镇江这座城市身上逐一体现。宋代漕运制度变革加强了对漕路的治理，使镇江漕运地位达到了新的历史高度，交通运输新格局给镇江城市带来了经济、社会、文化等方面的发展，使得镇江依托其漕运枢纽的战略地位获取城市发展的动力，成为东南地区的商业中心城市。南宋时，位处江防前线的镇江更是南方都城的重要屏障，其军事功能日渐突出，而镇江的漕运地位也达鼎盛。至此，镇江逐渐形成商业与军事并重的城市定位。

参考文献：

[1] 陈梦雷. 古今图书集成：经济汇编：食货典 [M]. 扬州：广陵书社，2011：531.

[2] 俞希鲁. 至顺镇江志 [M]. 南京：江苏古籍出版社，1999：49.

[3] 俞希鲁. 至顺镇江志 [M]. 南京：江苏古籍出版社，1999：277.

[4] 江太新，苏金玉. 漕运史话 [M]. 北京：中国大百科全书出版社，2000：5.

[5] 欧阳修，宋祈. 新唐书：地理志 [M]. 北京：中华书局，1975：1057.

[6] 脱脱，等. 宋史 [M]. 北京：中华书局，1977：2406.

[7] 徐松. 宋会要辑稿：食货：四六之一 [M]. 影印本. 北京：中华书局，1957：5604.

[8] 范仲淹. 范文正公奏议 [M] //范仲淹全集. 李勇先，王蓉贵，点校. 成都：四川大学出版社，2002：534.

[9] 杨时. 龟山集：卷四 [M] //文津阁四库全书：集部别集类. 北京：商务印书馆，2006：126

［10］脱脱，等. 宋史［M］. 北京：中华书局，1977：10544.
［11］王曾. 王文正公笔录［M］. 张其凡，点校. 北京：中华书局，2017：8.
［12］脱脱，等. 宋史［M］. 北京：中华书局，1977：10642.
［13］张邦基. 墨庄漫录：卷四［M］//文津阁四库全书：子部杂家类. 北京：商务印书馆，2006：49.
［14］俞希鲁. 至顺镇江志［M］. 南京：江苏古籍出版社，1999：241，244.
［15］史弥坚. 嘉定镇江志［M］//夏锦文，朱晓明. 镇江文库：方志编府志卷. 扬州：广陵书社，2016：56.
［16］史弥坚. 嘉定镇江志［M］//夏锦文，朱晓明. 镇江文库：方志编府志卷. 扬州：广陵书社，2016：97.
［17］史弥坚. 嘉定镇江志［M］//夏锦文，朱晓明. 镇江文库：方志编府志卷. 扬州：广陵书社，2016：97-98.
［18］王书敏，霍强，王克飞，等. 江苏镇江双井路宋元粮仓遗址考古发掘简报［J］. 东南文化，2011（5）：57-71，130-132.
［19］脱脱，等. 宋史［M］. 北京：中华书局，1977：9998.
［20］徐松：宋会要辑稿：方域：一七之一四［M］. 影印本. 北京：中华书局，1957：7604.
［21］高荣盛. 宋代江苏境内漕运工程考述［J］. 江苏社会科学，1997（2）：126-130.
［22］周应合. 景定建康志［M］. 南京：南京出版社，2009：335.
［23］徐松：宋会要辑稿：食货：四〇之四三［M］. 影印本. 北京：中华书局，1957：5529-5530.
［24］俞希鲁. 至顺镇江志［M］. 南京：江苏古籍出版社，1999：16.
［25］李孝聪. 历史城市地理［M］. 济南：山东教育出版社，2007：258.

多元视角下的运河水柜练湖研究

孙洪军*

位于江苏省丹阳市境内的练湖，是运河上最重要的水柜，它是一个拥有1600余年历史的古老的人工平原水库，曾经是闻名天下的大湖泊："饶州之鄱阳，岳州之青草，润州之丹阳，鄂州之洞庭，苏州之太湖，此为天下之五湖。"[1] 练湖的名称在历史上多有流变，先秦时期名为开家湖，西晋称练塘，东晋南朝时期称之为曲阿湖或曲阿后湖，唐代开始称之为练湖，亦称练塘，后世各代一直沿用唐时之名。明代程登吉在《幼学琼林》中则称之为丹阳湖，以湖在丹阳县之故名之。关于练湖的起源，黎世序在《练湖志》中说："尝稽诸图经，诹诸耆艾，佥以为本县上接润州长山八十四汊，此湖未筑之先，每遇天降淫雨，山水泛滥，浸沦田禾，延及二州，六县尽被其害，居民人等恳告官司，议将开家田地周围筑埂，号为开家湖，置立斗门、石䃮，容纳洪流，停蓄不泄，自是民得平土而居，其所系匪浅也。"[2] 这段史料清晰地说明了兴建开家湖的直接目的，是当地居民为避山洪灾害而主动要求废田筑湖的，在此黎世序并没有明确说明百姓呈请官府创置练湖的具体时间。张国维在《吴中水利全书》卷二十《曹胤儒练湖说》中给出较为明确的答案："又按御史刘曰睿《观吴录》曰：练湖坐落丹阳，上受高丽、长山诸汊之水，泛滥为灾，始自见先秦时，居民疏告官司议将开姓田地筑梗潴水，

* 孙洪军，江苏科技大学副教授，历史学博士，硕士生导师。研究领域：清代政治史、镇江地方史、大运河科技史。

得免旱潦。始名开家湖。”[3] 这条史料清楚地说明练湖最初兴建于先秦时期，具体时间尚不可考。

西晋永兴元年（304），广陵王丞相“陈敏为乱，据有江东，务修耕织，令弟谐遏马林溪以溉云阳，亦谓之练塘，溉田数百顷”[4]。东晋大兴四年（321），担任晋陵内史的丹阳人张闿因“所部四县并以旱失田，闿乃立曲阿新丰塘，溉田八百余顷，每岁丰稔”[5]。练塘、新丰塘均在丹阳县北，都是以灌溉为主要功能的塘堰。南朝宋元嘉三十年（453），在常州建奔牛堰，并修建练湖水柜，练湖、新丰塘等水柜都可蓄水济运。“至此，常镇段运河初步建立了由挡潮引水、节制堰坝、调蓄水柜组成的航运体系。”[6] 练湖最先的功能是防洪灌溉，随着南漕北运的兴起，济运保漕成为练湖重要的功能之一。伴随着封建王朝的兴衰更替，练湖自兴而废、废而复兴，兴废无恒，“经历代淤积和围垦，目前淤塞成田和鱼塘”[7]。历史上练湖因具有济运保漕的功能而成为运河水柜，受到历代统治阶级的高度重视。

近年来，随着运河研究热的兴起，学者从济运保漕、防洪灌溉、湖田争讼、文化意象等方面对练湖进行专题研究，取得了一批成果。欣喜之余，亦觉美中不足：专题研究因关注一点、不及其他，难免有只见树木不见森林之憾；系统研究则全面兼顾，能窥全局；专题研究和系统研究各有短长，不能相互代替。因此，用系统论的观点多视角对常、镇地区的运河水柜练湖作较为全面的研究是件有意义的事情。系统论认为世界由物质构成，存在于大大小小的系统之中。练湖是一个自然系统，其水、田、人、树、物产、环境等要素相互关联、互相影响；练湖又是一个社会系统，其济运、防洪、灌溉、垦田、旅游、文化等功能要素也相互关联、互相影响。系统对要素起支配、主导作用，同时“系统对要素也有依赖性。要素是构成系统的基础，要素的变化会影响到系统的变化”[8]。用系统论的观点对作为水柜的练湖进行系统性研究，从全局的视角审视练湖定有新的认识与感悟。

一、济运保漕的水柜

（一）练湖水柜的形成

许慎在《说文解字》中解释：“漕，水转谷也。”[9] 司马贞在《史记索隐》中认为：“车运曰转，水运曰漕。”[10] 许慎与司马贞均认为漕运的本义为水运，尤指谷物的水运。“人类开始舟行水上，运输物资，便有了漕运。”[11] 为了克服自然河湖对漕运的局限，中国古人开挖人工运河，连接自然河湖，形成规模庞大的运河运输体系。中国大运河的主要功能是漕运，“漕运是中国特有的文化现象。它不仅是整个国家实施南粮北运，解决封建王朝官民的粮食供给和国家存储的重要措施，也是封建国家巩固政权，维护统治的需要”[12]。黄河流域是中华民族最重要的发源地。五代以后，随着中国经济重心的南移，以太湖为中心的江浙地区逐渐发展成为中国最富庶的地区；而中国的政治中心始终在黄河流域，京畿地区官民士卒云集，需要消耗大量粮食，南粮北运成为不可避免的经济现象。封建政府通过大运河将百姓所交田赋（主要是粮食）运往京师的同时，京师的工程建材、藩属邦国的贡赋、宫廷日用的消费品、朝廷百官的俸禄赏赐等各种物资大多通过大运河源源不断地运往以京师为中心的北方地区。

秦始皇执政时开凿了丹徒到丹阳的丹徒水道（也称徒阳运河），是为江南运河北段的雏形；后代历经扩建，形成江南运河体系，开始大规模南漕北运。隋炀帝对原有运河按照统一规格疏浚扩建，京口（今镇江）至余杭（今杭州）的江南运河逐渐成形，南北大运河终于全线贯通。唐代太湖流域经济日益发达，成为中央财政收入的主要来源，大诗人韩愈因此发出这样的感慨：“今赋出天下，江南居十九。”[13] 约在唐朝中期，练湖发展为防洪灌溉、兼济漕运的综合性水利工程。自唐后期起，随着漕运规模的不断扩大、漕运在国家政治生活中的地位日益上升，练湖开始以济运利漕为主的新阶段。

练湖对徒阳运河乃至整个江南运河的畅通至关重要，故清顺治时练湖一度被誉为“东南第一水利”[14]。

江南运河承担的漕运任务日益加重，为中国封建社会的繁荣发展做出了巨大贡献，丹阳练湖的地位因之日益提高。正如黄承元在《河漕通考》中所说：“今天下漕谷之多莫如吴越，吴越所出江必经丹阳、京口。”[15] 徒阳运河是纵贯南北大运河上的一个关键节点，但保持徒阳运河的畅通却绝非易事，因为“自丹阳以北则地势渐高，别无支流可引，惟有练湖一区，谓可资蓄泄”[15]。明代著名水利专家潘季驯说：“运艘全赖于漕渠，而漕渠每资于水柜。”[16] 为运河提供水源的练湖因此成为镇江段大运河上的最重要的水柜。水柜亦称水匮，是“古代调节运河用水的蓄水工程，即用于航运的水库”[17]。缓解镇江段运河水少船多、时常断流影响漕运的重要措施是维护好练湖，使之能够及时为运河补充水量，维持通航。

（二）明以前的练湖

自秦代始凿丹徒至丹阳的水道，至隋大业六年（610）大运河全线贯通，京杭运河皆从丹阳城横穿而过。京杭运河开通后，每年都运送大量的物资，运河因此成为历代王朝极重要的水上生命线。作为长达1700多千米的人工运河，水源主要来自河流，但在某些地势较高的河段，则依靠人工湖。在扬子江以南的河段，练湖是唯一的此类水库。每逢冬春之际，京杭运河水量缩减，舟船无法顺利通行，这时就需要开启练湖涵闸，放水济运。

据李吉甫《元和郡县图志》载：西晋陈谐遏马林溪以溉云阳，“练湖在县北二十步，周回四十里”[4]，能够灌溉农田数万顷。唐代地方政府对练湖进行修治，李华在《练湖颂》中介绍了练湖的规模之大：“浚阜成溪，增理故塘，缭而合之，广湖为八十里。”[2] 江南运河镇江段即徒阳运河，地势西北高东南低，倾斜的地势使运河水流易泄难蓄，水量不稳，水位难于保持，影响漕船通行。练湖居于运河之西的高地，与运河紧邻衔接，利用居高临下的地势，可以下泄湖水，增加运河水量，提升运河水位。为多蓄湖水，较之晋代，唐代的“练湖面积也因为这一功能需求而扩容一倍，同时建设了可动态调控的完整的陂湖系统，整体布局为上下两级湖的形式，上湖承接水源，下湖连接运河，上下练湖之间有数尺高差，中央横堤有三个闸口进行控制，可在保证蓄水量的前提下节省湖堤的工程量”[18]。

《元史·河渠志》中记载：“练湖潴蓄潦水，若运河浅阻，开放湖水一寸，则可添河水一尺。”[19] 因而在历代王朝中，练湖具有蓄洪灌溉与济运行漕的双重意义。

（三）明代练湖的兴废

明天启年间（1621—1627），姜志礼著《湖漕成案》，力主修复练湖，充分发挥练湖的济运保漕功能，同时兼顾百姓利益，灌溉农田。他认为只要加强管理，二者可以并行不悖。张居正主政时，江南漕船冬季通过徒阳运河，因河水浅涩，必须开放练湖济运行漕，故练湖水利专用于蓄水济运；后来国家改变行漕规划，在春天漕船北上，练湖济运之水大为减少，节省之水可以灌溉民田；民田增收，国家也能增加税赋，因此“要根据情势变化，合理发挥练湖作用”[20]。在废湖为田和复田为湖的问题上，存在着少数人与多数人、地方与国家的利益冲突，如何处理这一复杂矛盾，丹阳诸生蒋清在《练塘考叙》中指出：在权衡利益的时候要分出大小，世人在做出选择时“图其大不得不弃其小，图其小遂不顾其大”，皆因站在自己的立场上；从大局来说，站在国家与社会的立场上就要选取大利放弃小利，练湖济运行漕与垦湖为田就是练湖的大利和小利。他明确反对废湖为田：“耕之为田，利在数家；存之为湖，利在万姓；至于节宣济漕，尤利在君国”“倘练湖可废，将北运诸湖亦可废耶?”[2] 陈鹤在《练湖志·叙》中对练湖存废的利害认识得很清楚：“湖废则为田，田之利近而易见，无湖之害远而难知，或狃于近利而弗虑其远害。故自晋至今疏浚者屡而湮塞者亦屡。”[2]

明代丹阳邑人储丙南曾就练湖的济运功能专作《浪淘沙·挽粟千里》词：“京口控三吴，贡赋冲衢。曲阿水落阻中途。那敢荡舟矜绝技，不误征输。转运觅良途，几费踌躇。后湖涓滴涨河渠。风送云帆千万里，飞輓皇都。”[21] “那敢荡舟矜绝技，不误征输。”即说明练湖最主要的功能是济运保漕；“后湖涓滴涨河渠”，则说明原为拦洪蓄洪水库的练湖，在调节运河水量上的强大功能。

（四）清代练湖的没落

道光七年（1827）十一月，江苏巡抚陶澍大力整顿丹阳练湖。他在《奏为筹议练湖水利事》中说明，早在康熙年间（1662—1722），上练湖已经改为民田升科（按照普通田地收税条例征收钱粮）。幸存的下练湖周长四十里，由于淤浅，已经“但能灌田不复能济运。所有涵洞、滚坝几同虚设”。上下练湖仍有流水相通，由于上下练湖高差只有四五尺，如果下练湖蓄水至七八尺，上练湖之湖田则已经被淹没至二三尺，“是以居民不利闸之存在，反利闸之废。遇春夏水发时辄将黄金闸决闸，使水向黄泥坝正泄无余，而下练湖已无水可蓄。不俟秋冬早形浅涸矣”[22]。由于练湖需水量不断减少，其几乎失去了济运保漕的功能。为保证运艘通行，必须年年动员丹阳、丹徒两县百姓兴工挑挖，工程繁杂工费庞大。陶澍动用国帑二万四千余两，修复了黄金闸、移建黄泥闸，在一定程度上缓解了徒阳运河的浅阻问题。道光十四年（1834），升任两江总督的陶澍与江苏巡抚林则徐再次治理练湖，疏浚河道，新筑黄金坝，并在上下练湖之间，建设上下二闸，在吕城改建新闸。从此，“练湖不再淤塞，蓄水一尺四寸，足可济运，且可灌田 40 万亩，保障农业丰收”[23]。同治年间（1862—1874），丹徒区段经常间断断水，丹徒以下至无锡的运河水深只有一尺多，练湖再度淤垫废弃，其作为运河水柜的功能也彻底丧失。“至光绪三十四年（1908）决定裁撤运河漕运，改为海运，漕运制度废除，江南运河遂不治。”[6]

二、蓄洪灌溉的水库

（一）拦蓄山洪的水库

练湖位于丹阳县城西北，处在宁镇丘陵与太湖平原的延伸交接地带，太湖平原西北高东南低，由西北向东南呈现出明显的倾斜状态，西北衔接宁镇山系的余脉长山、高丽山等，这种地势特点使山溪源头短促、水流湍急，雨水难以潴留。尤其是夏秋两季雨水偏多，一遇大雨滂沱，洪水暴发，山洪如脱缰的野马从长山、高丽山一泻而下，冲出山谷，冲向平原，丹阳、金坛、延陵一带良田遭受冲损淹没，百姓深受其害。为根除水患，保护良田，政府修筑开家湖“容纳洪流，停蓄不泄，自是民得本土而居”[2]。由此可见，先秦时期丹阳地方政权倾听民声，在开家所属低洼土地上筑堤造湖的最初目的是拦蓄山洪，保护居民的生命与田产安全。开家湖本质上是一个人工兴建的用于潴蓄洪水、防灾减灾的平原水库。西晋陈谐在开家湖基础上进行扩建，四周筑堤，潴蓄山溪流水，总面积已经达到两万余亩，长山、高丽山、马鞍山等山溪水汇入马林溪后再流入练湖，潴蓄起来，防止洪水直接冲击下游村镇民舍与农田。

水在天地之间循环往复，影响巨大。兴利除弊才能使生民繁衍、社会发展。作为江南运河地势最高的区段，“京口漕运，迤逦夹冈，……南去数百里，皆无水源，仰给练湖，自长山八十四汊流为辰溪，潴而为湖，不有疏凿则有壅淤，不有堤防则有奔冲。丹阳、金坛之田袤广势下，微湖之承汇有年矣。夫春淫夏亢，潴之泄之，此湖得用，而河得济也”[3]。

作为生命之源的水一旦汇聚成湖，通过自然的神奇造化，就会衍生出鱼鳖虾蟹、菱荷茭苇等生命奇迹。从开家湖到练湖，在千百年延续发展的历程中，练湖作为一个人工湖泊的功能也从最初的蓄洪减灾的水库，衍生出灌溉农田的水源、水产丰富的湖泊、丰腴肥美的湖田、济运保漕的水柜、旅游观光的胜地、文人雅士的精神家园等众多的功能，而这些功能又是相互联系、相互影响的。其中灌溉农田对练湖周围的百姓而言是最重要、最持久、最现实的功能。在中国封建时代，农业是天下的根本，保持练湖的灌溉功能也是百姓最关注的功能。

有学者也认同这一观点，“练湖修筑的主要功能有两个：第一为削减洪水期山间汇水之势，以陂湖为弹性水柜，对短时降水进行蓄水和缓冲，旱季再通过调控系统为城市及周边农田灌溉提供水源，使城市免于内涝，丹阳、金坛、延陵一带八九千顷农田免于洪涝与旱灾。其二为济运通航”[18]。

（二）灌溉农田的水源

灌溉是为保证作物正常生长以获取高产、稳产而采取的主动补充所需水分的技术措施。在自然条件下，由于降水量不足或降水的时间、空间分布不够均匀，不能完全满足作物对水分的要求，因此必须人为进行灌溉，以补天然降雨之不足。西晋陈敏为实现割据江东的战略目标而“务修耕织，令弟谐遏马林溪以溉云阳……溉田数百顷”[4]。可见练湖筑造之初，灌溉周围田地、发展地方经济、夯实统治基础是执政当局的主要出发点。对于周围百姓而言，能够提供灌溉水源是练湖给予他们的最大恩惠。北宋仁宗（1023—1063）中期，许元知润州丹阳县，期间“会岁大旱，元请借湖水溉民田，不得报。决之……由是溉民田万余顷，岁乃大丰”[24]。南宋淳熙二年（1175）钱良臣奏请修复镇江府练湖获得允准，疏浚七十二源，“灌田百余万亩”[25]。修缮后的练湖可以灌溉田地万顷以上。丹阳西南一片沃野，每当天气亢旱、作物缺水之时，开放练湖石涵，自流灌溉田地，百姓悉受其益，以此之故，清朝丹阳籍诗人周玉瓒作《练湖竹枝词》赞誉说：“玉女郎官漫似妆，溉田谁似此湖忙。西南千顷秋秧绿，亢旱虽逢也不妨。”[26] 林则徐主政江苏时，先后两次疏浚丹阳练湖，经过疏浚，至道光十五年（1835）四月，“练湖蓄水已有一尺四寸，一改过去的淤塞旧貌，练湖已可灌田十万亩矣”[27]。

以上所列史料说明灌溉农田是练湖的重要功能之一。由于缺乏系统的资料，我们很难统计出历朝历代练湖的准确灌溉面积，但是可以肯定的是，由于历代沿湖居民垦湖为田和政府还田于湖的不断博弈，练湖蓄水面积也处于动态的变化之中，兼之受到年度降雨量变化的影响及沿湖灌溉体系的损益，练湖灌溉面积也是经常变化的。

三、水美土肥的湖田

（一）水产丰富的湖泊

唐代李华作《润州丹阳县复练塘颂》，对丹阳练湖物产丰饶有直观的描述："大江具区，惟润州，其薮曰练湖，幅员四十里，菰、蒲、菱、芡之多，龟、鱼、鳖、蜃之生，厌饫江淮，膏润数州。"[2] 练湖位于水产资源丰富的亚热带，处于鱼米之乡的美丽江南，湖域宽阔，自然环境优越，盛产鱼虾，沿湖居民多有以捕鱼为生者，清光绪《丹阳县志补遗·卷之二·水利》写道："环湖而居，衣食于渔者数百家。"渔民泛舟湖上、撒网捕鱼的生活实践为诗人提供了诗歌创作的灵感："湖上修眉带远山，湖边迤逦白蘋湾。斜阳影里渔歌起，撒得银鳞载网还。""竹弓射鸭有生趣，草屩捞虾无定踪。冬尽沿湖清浅处，长竿又见取茭葑。"练湖人悠然自得的渔猎生活经过诗人的刻意渲染，俨然一幅世外桃源的风景画。[26] 清代丹阳邑人储丙南还曾作《浪淘沙·渔翁鼓枻》："家居白云乡，托业渔郎。小舟出没水中央。欸乃一声烟雾里，鼓枻苍茫。"[21] 以形象生动的词作描述练湖渔民独特的捕鱼方式——鼓枻，即以竹桨敲船舷、惊鱼入网来捕获水产品。

丰富的湖产除了鱼虾等动物资源外，还有独具地域特色的植物资源，最有代表性的当属练湖莼菜。莼菜又名马蹄菜、湖菜等，是多年生水生宿根草本植物，性喜温暖，镇江所在的太湖流域是莼菜的主产区。莼菜浮生在水面或潜在水中，嫩茎和叶背有胶状透明物质，嫩叶可供食用。莼菜本身没有明显的味道，可贵之处在于其口感的鲜美与滑嫩，为本地珍贵蔬菜之一。正因如此，唐朝宰相、丹徒文人权德舆对练湖莼菜念念不忘，他在《送别沅泛》中写道："湖水白于练，莼羹细若丝。别来十三年，梦寐时见之。"[28] 莼菜之外，既是蔬菜又是水果的菱角也是练湖土产，菱角是一年生草本水生植物菱的果实，菱落在泥中最易生长，湖泊池塘是其理想的生长繁衍之地，长江中下游及以南地区所在多有。菱角其果肉可食，嫩茎可作菜蔬。夏秋之交菱角成熟，便会出现"湖头女儿桃花腮，日日湖风双桨回。罗袖莫疑行雨湿，薛家村上采菱来"的练湖胜景。[26] 练湖荷花受到流水的冲击，"不种自生，十里五里，迁徙靡常"。荷花的大量种植，形成了采莲这一重要农事活动。练湖芳草丰美，水质优异，能够酿造出质量上乘的酒水。周玉瓒《练湖竹枝词》写道："湖里山神泼酒时，曲阿酒好古来知。春郊一路东风暖，试向湖头问酒旗。"清代杭州人吴锡麒游览练湖后写了一首《练湖》："春水环三面，人家住竹溪。舟师下帆去，沽酒练塘西。"

丰富的水产资源养育了沿湖的渔民，据资料记载，在练湖连接运河的张官渡，"清代中期当地张氏家族人丁兴旺，人口众多，以渔猎为生，农耕田亩产粮不足，不足以维持生计"[27]。乾隆五十二年(1787)，张姓族人张观礼从当地官府获得"张官渡"的授权证明，承办大运河两岸的摆渡生意，实现由渔猎农耕向摆渡为生的职业转变，这是康乾盛世造成中国人口激增产生生存压力的一种应急反应。地方政府还向在湖中从事渔业生产的渔民收取鱼课，作为维修练湖水利工程的经费，如万历三年（1575），镇江知府吴扮谦"行令该县水利官每年春初督修湖堤以防冲决，著为令。其费取之，湖中鱼课，不足则以修河米银益之"[3]。

练湖丰富的水产资源为附近渔民提供了生活的依靠，沿湖世豪之家和无地少地的农民却觊觎练湖肥沃的湖田，他们决堤放水，开垦湖田，使练湖水面逐渐减小，直至消亡。

（二）垦湖为田的延续

自先秦围田筑成开家湖到西晋陈谐扩建为曲阿湖的五百余年，

由于历史久远，开家湖的演变轨迹难以稽考；陈敏扩建为曲阿湖到唐代的460余年，曲阿湖的消长也没有引起社会的关注，其间有关练湖的信息极为罕见。在连续出现贞观之治和开元盛世两个政治清明、社会稳定的盛世之治后，唐代进入中国封建社会第一个繁荣时期，伴随着人口的增多，人地矛盾开始凸显，时人把目光投向肥沃的湖田。李华在《润州丹阳县复练塘颂》中写道，练湖“其傍大族强家泄流为田，专利上腴，亩收倍钟，富极淫衍”[2]。豪强地主将公有湖田化公为私，减小了湖面，降低了练湖容水量，使周围百姓深受其害，“自丹阳、延陵、金坛环地三百里，数合五万室，旱则悬耜，水则具舟，人罹其害。九十余祀，凡经上司纷纭与夺八十一断。呜呼！曲能掩直，强者以得之，老幼怨痛，沉声无告”[2]。豪势之家占湖为田是得到当时官府的支持的，“令为豪家占佃，官为给贴”[3]。

永泰二年（766）转运使刘晏在《练湖修废利害疏》中说，润州刺史卫损、丹阳耆寿奏报练湖“被丹阳百姓筑堤横截一十四里，开渎口泄水，取湖下地作田”，中书门下牒令升任浙西观察使的卫损“依旧障水为湖……勿使更令修筑致有碍夺”[2]。南唐昇元元年（937）丹阳县知事吕延贞在“浚治练湖状”的呈文中说：“由前唐末，兵乱之后，民残湖废，近湖人户耕湖为田后，农家失恃，渔樵失业，民复思湖以御灾，而无所寘力。”他认为练湖为利甚博，聚财鸠工修补残堤、复建斗门，整治练湖。舆论震动，诽谤连连，许多人认为他动机不纯，吕延贞深知“废湖丰己者不十余家”，然而“有湖无灾者四县之地”[3]，轻重利害一目了然，故力排众议，卒得成事。

宋代在废湖还田与退田还湖问题上有过多次反复。《宋史·河渠志》载：北宋徽宗大观四年（1110）八月，“有司以练湖赐茅山道观，缘润州田多高仰，及运渠，夹冈水浅易涸赖湖以济，请别用天荒江涨沙田赐之，仍令提举常平官考求前人规划修筑。”说明政府认识到国家掌控练湖对蓄水济运的重要性。南宋绍兴七年（1137），两浙转运使向子諲题奏：练湖因“堤岸弛禁，致有侵佃冒决，故湖水不能潴蓄，舟楫不通，公私告病。若夏秋霖潦，则丹阳、金坛、延陵一带良田亦被淹没”。他建议饬丹阳知县朱穆加以修复。[3]“绍兴间，更浚湖之为田者。绍兴戊寅，郡守郑作肃，以丹阳县浚练湖占民田数十顷，未尝豁除二税，奏蠲之。”这说明了当地政府在坚持退田还湖上的态度及恰当的补救措施。百余年间，占湖垦田的态势发生变化，“自淳祐以来，又为流民侵占愈广，遂至湖水狭小，湮塞者多”。[29]

景定三年（1262），朝廷将练湖的处置权力委托给浙西宪司，宪司又委之倅宰。丹阳知县赵必杕召集湖司、乡都、隅保亲自到练湖查勘，此时流民已有六十余户离开练湖，只有高昂处湖田八百余亩，又被上湖水淹没。他们发现斗门、石闸损坏严重，湖水浅涩，“今上湖则蹇裳可涉，下湖则如履平地……旧年流民土田为水浸而去者大半，今因旱干而复来”[29]。赵必杕坚持“去弊以渐而不可急，处事以时而不可缓”的原则，上练湖为编修李迪所侵筑，可以晓之以理，积极劝导；“而下湖流民所侵已十之七八……然流民扶老携幼而来，敢于冒然违法，始以苟延残喘，既多历年，而盘结根固于其间。如未有道以处之，徐为阴消潜弭之术可也”。由于放水济运，练湖干涸，“不特流民之侵耕也，而乡民之顽者又宁不流涎乎！”。洪水损坏的堤埂、闸门屡经修复，“官吏仍前悠悠不恤，则东倾西颓，非惟内无可蓄之水，而流民、顽民侵耕，互相仿效，其来者踵相接矣”[29]。应借霜降时节水降湖干及时兴工修砌，潴蓄湖水，保护练湖，失此时机将后悔莫及。

两宋都是偏居一隅的政权，都受到周边政权的胁迫攻击，政局动荡，影响政府对练湖的有效控制。南宋以前练湖是江南大湖，而南宋时期的围田风潮几乎将之瓜分殆尽。

练湖对农业生产与当地民生的重要性不言而喻。随着人口的增殖与人地矛盾的加剧，练湖的重要性有增无减。在局势动荡、缺乏有效管治的情况下，练湖“往往废坏无修，常遭围垦。在元代统一江南之前，该湖就已废坏严重，流民、官宦侵占湖床甚多；统一之后，围垦更甚”。[30] 元灭南宋，控制江南，国家重新完成统一。“元有江南之后，豪势之家于湖中筑堤围田耕种，侵占既广，不足受水，遂致泛溢。世祖末年，参政暗都剌奏请依宋例，委人提调疏治，其侵占者验亩加赋。”[19] 至元三十一年（1294），政府依宋例委人提调疏浚练湖，“仍核侵占湖额，验亩加赋”。[3] 元朝是中国北方的游牧民族建立的统一的封建王朝，习惯于游牧，统治阶级在很长一段时间呈轻视农业生产，大兴圈地畜牧之风，练湖因之深受其害，垦湖为田屡禁不止。

经过元末农民战争的长期动荡，练湖水利失修，湖面缩小，居民围湖垦田习以为常。明初洪武、建文年间（1368—1402）曾对练湖进行大规模整修，颁布禁令，严禁围湖垦田，不许佃种湖田。“但仍不断有权贵霸占湖滩进行围种。湖地已被围去十分之七。”[14] 练湖资源丰富，“下生鱼鳖，上壅陂田，每为势家所侵。宋贾似道得之，贾败，旋归诸民。自元迄我明，往往利归豪势，豪去民复争之，死于讼者不知几人，案牒棼繁，官弗胜理”[3]。豪门世家侵占湖田、刁钻奸民占垦练湖的同时，地方当局也将目光投向练湖以求取利。丹阳处在运河水路交汇之地，“达官公使舟车坌至其邑，凡廪食、夫家之出，罔恤民艰，或张威声以陵（凌）轹州县，必遂而后已，长吏率多厚遗显以求誉进，而僚佐公私宴会，下至胥徒杂役皆得以蚕食其间”[3]。公费支出浩繁，居民深受其累。莆田林子华担任郡守，获得上级支持后，率领丹阳、丹徒知县履勘练湖，发现“惟因势高下而利通之故，有水出石闸各二十三座，潴放皆有节候，近资民溉，下达官河，其高处久壅为庐舍麦稻桑麻之野，土沃而利饶。又近巡按侍御舒君汀辈理答杨、靳、欧诸姓所争田，通计二千三十二亩有奇”，召无业之民佃耕湖田，俾自食其力，岁入九千金作为镇江知府，丹徒、丹阳知县“备宾旅廪食乡饮公讌之费”[3]，不许下属借机敲诈民脂民膏。

湖田肥沃，诱惑颇大，不法之徒屡屡犯禁：“射利之徒觊觎水退，希图耕种盗决。”[16] 国家虽然严刑峻法保护练湖，由于湖权不清、执法不严，占垦湖田的事件仍屡屡发生：“入我明特申湖禁，每勤诏旨，专官督理，以防冲决。唯闾右侵占争利，虽惩创不少衰止。”[3]

既然不能禁止豪强侵占湖田，只有退而求其次，将既有湖面及水利设施尽力维护。万历十三年（1585）镇江知府吴㧑谦请立练湖禁令，“行令该县水利官每年湖堤以防冲决，著为令。其费取春初督修之，湖中鱼课不足，则以修河米银益之，本府水利通判不时查阅，一应启闭事宜，悉听治理。若有势豪侵业挠阻，必行法治”[3]。

清代练湖继续发挥着济运保漕和灌溉农田拦蓄山洪的功能，但是，在垦湖为田与退田还湖的长期博弈中，仍然不能摆脱一再被侵占直至消亡的命运。早在顺治六年（1649）六月，天降大雨导致湖水上涨，佃户乔日洪等惧怕湖水淹没其占垦的湖地，盗掘黄金坝百余丈，泄空湖水，湖水所携泥沙淤塞运河，低洼之田为湖水淹没、高亢之地无水灌溉。康熙十九年（1680）丹阳乡宦张鹏上疏反对复湖蓄水，主张“耕种升科”。同年，巡抚慕天颜奏定“上湖高仰，召民佃种；下湖低洼，仍留蓄水”的原则。从此，上湖已尽成田，下湖在不到20年的时间内，先后四次垦植升科达7200亩，张鹏等私垦4000余亩。[14]

镇江文士杨棨（1787—1862）在《练湖竹枝》第二首写道：“下湖茫茫水接天，上湖青青已作田”，说明清朝中期练湖上湖已经全部被开垦成农田了。上湖被垦，下湖淤浅加剧，甚至下湖亦被觊觎。虽然经常有人提议政府退田还湖，恢复练湖昔日旧观，充分发挥练湖济运灌溉的功能，但是垦湖为田的豪势之家与沿湖农民为一己私利，坚决反对退还湖田。正如清中期的能臣康济田所说：垦湖为田，“侵冒日久，佃业屡更，辗转交售，昔之公田今皆为民产，孰肯废粮田而为湖也？居民虽习见习闻，噤不一发。今以传舍视其官而欲复数百年久涸之湖，纷更为患，讼扰不休，亦有积重难返者矣。[31] 据光绪《丹阳县志·水利》载：除了世家大族，“零佃者愈多，原设涵洞闸坝，不利其存，反利其废。已升之外，存有四千四十余亩，亦尽行私垦。滨湖农田，岁有旱干之患，害不可胜言矣!”

练湖水域面积的减小不但影响漕运的正常进行，而且影响周围农田的灌溉，威胁到当地百姓的切身利益，因此杨棨《练湖竹枝》云：“湖变桑田田变湖，田租纳罢纳湖租。侬家情愿租重纳，湖水常盈田不枯。”反映练湖湖域缩减对农田灌溉的极大危害和百姓对复修练湖的强烈期待。[26] 光绪五年（1879），有人呈请修复运河，一则转达漕艘，二则保卫民田，公私两利。两江总督沈葆桢却不以为然，他认为从天下大势来看，历朝历代选择通过运河运输“皆万不得已而后出此者”，因为除此之外别无他法可供选择，而水利与漕运存在矛盾：“臣以为舍运道而言水利易，兼运道而筹水利难。民田于运道势不两立。兼旬不雨，民欲启涵洞以溉田，官必闭涵洞以养船。迨运河水溢，官又开闸坝以保堤，堤下民田立成巨浸，农事益不可问。”[32] 运河如此，运河水柜练湖亦存在这样公私不能兼顾的两难窘境。在半殖民地半封建社会的晚清时期，由于内外战争的破坏，铁路的兴修及新式海运的兴起，京杭大运河确实日益走向了穷途末路。

（三）垦湖为田的公私动因

民以食为天，食物取自田亩，随着中国封建社会的发展，人口日益增多，兼之生产力水平的低下，只能通过扩大耕地面积来实现作物总产量的提高，这是垦湖为田的根本动因。由于战争等因素，北方人民多次大规模南迁，南迁之民为生存也要开垦田地，就练湖来说，也受到严重影响：为避战乱和压迫，北方大批人口南渡，自永嘉至刘宋之际，南渡人口约有 90 万，侨寓今江苏者有 26 万人，镇江原有 20 万人，侨置的南徐州（镇江）有 22 万人，侨民人口比当地人口还多出 2 万余人。侨民的涌入加速了镇江地区的开发，“一些低山浅丘得到开垦，并兴修了大量的陂塘堰坝。……另一方面以屯田的方式大规模进行垦殖”[33]。如上所述，中央政府把练湖看成运河水柜，关注其济运行漕的功能；地方政府为了完成征税任务，顺利通过任期考核，对居民占垦湖田呈默许甚至支持的态度；世家大族、北方移民、地方奸猾之人占垦湖田以图私利；周边百姓把练湖当作蓄水灌溉的水库，围绕练湖，各种利益集团进行复杂的博弈，兼之社会的兴衰无常、练湖盈涸不定、国家政策的不稳定性和湖权的模糊性等因素交织在一起，更增添了练湖兴衰的不确定性。练湖的兴衰盈缩在一定程度上影响其作为风景名胜区的繁荣与衰落。

四、游览居住的风景名胜

据唐杜佑《通典》记载，练湖又名曲阿后湖，东晋时略有发展，南北朝时期已经初具规模，唐朝改名练湖。练湖位于风景如画的江南鱼米之乡，一泓湖水本已婀娜多姿，秀丽怡人。经历代整治美化，碧水蓝天，湖光山色更加旖旎迷人，从南朝开始它便成为江南一大自然景区。清光绪《丹阳县志》载："齐、梁君臣每宴集于此，觞咏之余，垂诸载籍。""南朝宋文帝游幸其上，更名胜景湖。"[3] 可以说，宋文帝刘义隆是丹阳练湖风景名胜区的第一个推介大使。

（一）旅游观光的风景名胜

灵山秀水潴蓄而成的练湖经心灵手巧的镇江古人雕琢，逐渐形成了风光秀丽、意蕴深远的"红莲映日""秋波浸月""翠柳遮堤""晚渡横陈"等练湖二十四景。[27] 从张官渡到练湖距离很近，交通便利，往来于运河上的达官贵人、文人雅士多顺道游览练湖风景区，留下许多脍炙人口的歌咏练湖风光的诗篇。南朝宋孝武帝巡幸毗陵，路过丹阳，游览练湖后诗兴大发，作《济曲阿后湖诗》："和风翼归采，夕氛晦山嵎。惊澜翻鱼藻，赪霞照桑榆。"[2] 对练湖的怡人风光进行形象描述。侍臣颜延之作《车驾幸京口三月三日侍游曲阿后湖》诗："藐盼覯青崖，衍漾观绿畴。人灵骞都野，鳞翰耸渊丘。"[2] 君臣一唱一和，盛赞练湖美丽风景。

唐代大诗人李白游览练湖后作《丹阳湖》诗赞誉说："龟游莲叶上，鸟宿芦花里。少女棹归舟，歌声逐流水。"[2] 碧波万顷的湖面水光潋滟，远近隐隐青山倒映湖中，湖光山色交相辉映，如一匹锦绣从天垂落，美不胜收，诗人周玉瓒情不自禁地吟咏出《练湖竹枝词》："丹阳城外后湖连，风景犹怀典午年。受得春流七十二，分明匹练远襟天。"赞美练湖水天相连变幻无穷的美丽湖光山色。湖心亭是练湖的一个重要景观。周玉瓒在《练湖竹枝词》第六首中说："为觅轻舟来避暑，湖心亭子在中央。"诗中的"湖心亭子"即是湖心亭，又称小蓬莱，清代丹阳邑人储丙南曾专门为此亭作词："水利被苍生，感动舆清。湖心耸峙圣恩亭。永赖铭碑乘万世，歌颂升平……一叶扁舟飞渡外，恍至蓬瀛。"[21] 湖心亭是为歌颂皇恩浩荡的建筑。除湖心亭之外，练湖还有许多值得观光游览的美丽景点，清光绪《丹阳县志》就载练湖景点有"刘猛将军庙、忠义祠、名宦生祠、佛殿、僧房、回廊、曲榭，无不光泽"。

（二）归依山林的寄身之地

风景秀丽的练湖是一个适合居住的地方。宋谭知柔《练湖春霁》写道："春入池塘绿涨初，蒲根水暖戏鸥凫。杂花开处自深浅，细雨漾空如有无。风外钟声闻远寺，柳间帆影出平湖。冥搜竟日耽佳句，不负宗生来画图。"[2] 将雨后初晴、练湖春意盎然的美景勾勒出来，风景如画的练湖确是适合居住的人间仙境。清颜荧有首《杂咏》："练湖亭上野风清，白鹭鸡鹕杂杜蘅。小艇梦归烟霭里，城西灯火一方明。"这首诗把晚风轻拂、杨柳飘荡、渔火明灭闪烁、富有浓郁生活气息的练湖展现在读者面前。优美的山水常常使倦怠了宦海沉浮的人产生隐退的冲动，正如南朝梁文学家吴均在《与朱元思书》中所说："鸢飞戾天者，望峰息心；经纶世务者，窥谷忘反。"练湖就是这样一个使人寄情山水、流连忘返的隐居之地。唐朝宰相权德舆、宋朝大学士苏庠先后弃官在练湖湖滨归隐闲居。[34] 大诗人李白作《赠丹阳横山周处士惟长》诗："闲云随舒卷，安议身有无。抱石耻献玉，沉泉笑探珠。羽化如可作，携手上清都。"[2] 陶醉于湖光山色的文人雅士结庐练湖湖滨，过悠哉闲暇的生活成为一种时尚，对此周玉瓒《练湖竹枝词》有明确反映："太祝幽居对浪花，权文公宅柳阴斜。诗人都爱湖滨好，茅舍三椽便作家。”[26] 朱熹九世孙朱思宗看到荇藻郁郁青青、鸥鹭翩翩飞舞、林木云雾缥缈，嗅到清风袭来阵阵荷香，不觉心旷神怡，宠辱皆忘，认定练湖是归田隐居的好地方，于是率领子孙定居云阳镇三思桥，“自始厥后，瓜瓞绵延，衣冠文物，甲于湖滨”[34]。

五、离愁别绪的精神家园

风景变幻最能引起人的感情起伏。文人雅士的经历、抱负不同，面对不同风景会发出感人至深的不同感慨。杜甫因安史之乱造成社会动荡、城市荒芜而“感时花溅泪，恨别鸟惊心”，抒发的是忧国忧民的愁思；范仲淹“不以物喜不以己悲”，抒发的是为国分忧的旷达心志。练湖的优美风光也激发出人们无穷的遐想与眷恋。

（一）仕宦浮沉的精神归依

唐德宗时政治家、文学家权德舆因避天宝之乱，随父亲由秦州迁居润州丹阳，在丹阳落地生根，读书识字，成家立业，走上仕途。练湖作为第二故乡丹阳的名胜古迹，权德舆对其充满深情厚意。在《侍从游后湖宴坐》中，有感于宦海浮沉的疲累，他萌生出归隐练湖的愿望：“愿销区中累，保此湖上居。无用诚自适，年年玩芙蕖。”在都城长安，他写《省中春晚忽忆江南旧居戏书所怀因寄两浙亲故杂言》：“结庐常占练湖春，犹寄藜床与幅巾。疲羸只欲思三径，戆直那堪备七人?”故乡帝乡相隔千里，只能把思乡之情遥寄故乡亲友：“裁书且附双鲤鱼，偏恨相思未相见。”[2] 诗人长期宦游他乡，“对家乡的思念往往会寄托于家乡的某一事物上，像文化符号一样深深地烙印在诗人的心田”[35]。对权德舆而言，丹阳练湖就是这样的文化符号，是他作为游子的精神归依。

对于有浓厚安土重迁传统的中国人而言，故乡既是其漫长人生的出发点，往往也是其叶落归根的埋骨地。无论是商贾还是仕宦在外的游子，特别是他们在凄风苦雨之中或是历尽劫波之后，终生消解不开的是故乡情结，出门在外总有狐死首丘之理念，“士人们在经历外界的风吹雨打之后，家乡就成为心中永恒的港湾”[35]。

北宋大臣、丹阳文人王存仕宦在外，漂泊多年，行经故乡，写《过丹阳旧居》，诗人叩开故居之门，早已经是“破屋他人居，昔邻今或非”了。父老乡亲热情款待，恭祝他衣锦还乡，王存感叹昔日少年已成白头老翁、从前伴侣已渐稀疏，虽是物是人非，却留练湖风光依旧，不禁使人产生告老还乡的冲动：“泚泚练塘水，绿杨荫渔矶。有田尚可耕，誓将父老依。”[2]

（二）往来行人的触景生情

晚唐诗人许浑祖籍湖北安陆，寓居润州丹阳，他的《鹭鸶》写道：“西风澹澹水悠悠，雪点丝飘带雨愁。何限归心倚前阁，绿蒲红蓼练塘秋。”[2] 练湖上秋风飘雨、碧波荡漾，激起客居丹阳的诗人淡淡的愁思。

元代西域人萨都剌作《腊尽过练湖》，在秋风萧瑟的寒夜，天高云淡，听闻南飞鸿雁的鸣叫，因而发出“独倚牙樯数客程，残年风景足乡情”的感慨，流露出淡淡的思乡之情。远处的山峰倒映在练湖水面上、烟霭中的树木影影绰绰，就像热情好客的主人在迎接客人，诗人转悲为喜，幸福地憧憬着“明朝乌鹊桥头闹，应是人家出户迎”[2]。元大都人宋褧在西风落日之时行走在竹冈松阪环抱的丹阳驿道上，欣赏了练湖的优美风光后感慨“何处最多情？练湖秋水明”，柔美多情的练湖使诗人忘却旅途的劳顿，“寒雁任相呼，羁愁一点无”[36]。

六、结语

近代以来由于交通运输技术的不断发展，漕运最终退出历史舞台。练湖在兴废无恒的曲折演进中走过了两千余年的历史，人口的增殖、湖田的开垦，导致练湖蓄水面积逐渐萎缩。新中国成立后，人民政府在练湖上游兴建系列水库以拦蓄洪水、灌溉农田，疏浚马陵溪，引水入运，解决洪水出路。练湖内外兴建机灌站用以灌溉湖田，“1971 年，建成总面积 2.1 万亩（含湖耕地 8400 亩）的丹阳国营练湖农场”[14]，以上措施使练湖的部分功能得到延续。作为历史上闻名全国的一个大湖泊，练湖虽然已经成为历史，但练湖利国利民的各种功能已经形成独具特色的练湖文化，以文化的形式得以传承，围绕练湖兴废进行博弈的故事给我们启迪，富有地域色彩的练湖文化继续在历史的天空熠熠生辉。

练湖是京杭大运河镇江段上最重要的水柜，发挥着济运行漕、服务国家治理的重要功能。与此同时，练湖本是拦蓄山洪、灌溉农田的平原水库，对丹阳、金坛、延陵、溧阳等周边百姓的农耕生活起到重要的支撑作用。由于立法不够完善，练湖的产权不够明晰，兼之朝代的更替、社会的动乱，政府统治能力的下降，练湖周边的部分民人等经常偷泄湖水，占垦湖田，导致练湖水面日益减小。各利益集团围绕练湖的兴衰存废进行长期斗争。要消除这些矛盾，必须实现国家的长治久安，政府的有效控制；同时明确湖权，完善立法，严格执法，统筹兼顾，协调好中央政府、地方政府与沿湖百姓之间的关系，照顾好各方利益，才能使这些矛盾逐渐得到消解。

历史上练湖是济运行漕的运河水柜，拦蓄山洪、灌溉农田的水库，湖产丰富的淡水湖泊，还是闻名于世的风景名胜区，文人雅士唱和颂扬的理想隐居之地。世人从不同的视角观察练湖，站在不同的立场上评价练湖，练湖就有不同的身份与功能。站在历史的高度，用全局的眼光，用系统论的方法全面研究练湖，我们就会获得对练湖更深刻、更全面的认识。秉持“绿水青山就是金山银山”的科学理念，在建设社会主义现代化生态文明的伟大实践中，全面研究练湖的功能与演变，科学借鉴练湖治理的经验教训，无疑具有巨大的现实意义和较高的学术价值。

参考文献：

[1] 程登吉. 幼学琼林 [M]. 乌鲁木齐：新疆青少年出版社，

1996：7-9.

［2］黎世序. 练湖志［M］//中国大运河历史文献集成：24. 北京：国家图书馆出版社，2014.

［3］张国维. 吴中水利全书［M］//中国大运河历史文献集成：14. 北京：国家图书馆出版社，2014.

［4］李吉甫. 元和郡县图志［M］. 贺次君，点校. 北京：中华书局，1983.

［5］房玄龄. 晋书［M］. 北京：中华书局，1983：1341.

［6］邹逸麟，吕娟. 中国运河志：河道工程与管理［M］. 南京：江苏凤凰科学技术出版社，2019.

［7］罗乾，盛根明，朱桂娥，等. 太湖上游练湖综合治理方案及实施效果［J］. 水电能源科学，2014，32（1）：134-136.

［8］曾广容，易可君，欧阳绪清，等. 系统论·控制论·信息论概要［M］. 长沙：中南工业大学出版社，1986：6.

［9］许慎. 说文解字［M］. 北京：中华书局，1963：237.

［10］司马迁. 史记［M］. 北京：中华书局，1959：1422.

［11］吴士勇. 古代治水、开河与通漕的历史逻辑［J］. 深圳大学学报（人文社会科学版），2018，35（2）：152-160.

［12］温宗勇，陈楷，王煦立，等. 微距大运河：大运河遗产保护与发展调查实录之一［J］. 北京建设规划，2015（3）：143-158.

［13］毛峰，吴永兴，李喜佳. 京杭大运河开凿与变迁［M］. 北京：电子工业出版社，2014：333-334.

［14］茅焕华. 丹阳练湖的兴衰［J］. 江苏水利，1998（3）：48.

［15］邹逸麟，李泉. 中国运河志：文献［M］. 南京：江苏凤凰科学技术出版社，2019.

［16］潘季驯. 河防一览［M］//王云，李泉. 中国大运河历史文献集成：1. 北京：国家图书馆出版社，2017：94-95.

［17］《黄河文化百科全书》编纂委员会. 黄河文化百科全书［M］. 成都：四川辞书出版社，2000：380.

［18］王晞月，王向荣．中国古代城市陂塘系统及其空间内涵探究［C］//中国风景园林学会．中国风景园林学会2018年会论文集．北京：中国建筑工业出版社，2018：600-603.

［19］宋濂．元史［M］．上海：上海古籍出版社，1986.

［20］姜浩，王卉．明清练湖水利文献述论［J］．江苏科技大学学报（社会科学版），2020，20（3）：1-6，73.

［21］杨再年．古邑史踪［M］．上海：上海三联书店，1994：60.

［22］陈銮．重浚江南水利全书［M］//中国大运河历史文献集成：30．北京：国家图书馆，2014：192-193.

［23］陶用舒．陶澍兴修江苏水利述论［J］．镇江师专学报（社科版），1994（1）：49-53.

［24］镇江市史志办公室．嘉定镇江志［M］．镇江：江苏大学出版社，2014：205.

［25］徐松辑．宋会要辑稿：食货八之四［M］．刘琳，刁忠民，等，点校．上海：上海古籍出版社，2014：6148.

［26］马晓妮．清代练湖竹枝词品读［J］．盐城师范学院学报（人文社会科学版），2011，31（4）：63-67.

［27］周竹生．千年张官渡［J］．档案与建设，2020（2）：81-82.

［28］权德舆．权德舆诗文集［M］．郭广伟，点校．上海：上海古籍出版社，2008：72.

［29］俞希鲁．至顺镇江志［M］．南京：江苏古籍出版社，1990.

［30］钱克金．从时空分布与工程价值看元代太湖流域水利的整治［J］．中国社会经济史研究，2015（4）：18-27.

［31］康基田．河渠纪闻［M］//中国大运河历史文献集成：19．北京：国家图书馆出版社，2014：318.

［32］赵尔巽．清史稿［M］．北京：中华书局，1977：3791.

［33］张芳．宁、镇、扬地区历史上的塘坝水利［J］．中国农史，1994（2）：32-42.

［34］朱康，朱海蛟．朱熹后裔在练湖［J］．档案与建设，2000

(4)：53-55.

[35] 辛馨，张安祖. 权德舆诗歌创作的地域文化阐释 [J]. 北方论丛，2017 (3)：39-43.

[36] 张欣. 元代对江浙运河的治理 [J]. 档案建设，2020 (1)：70-73.

大运河镇江段河道变迁史与城市发展关系研究

王　雷*

一、研究背景、现状与意义

（一）研究背景

1. 中国大运河历史

中国开凿大运河的历史可以追溯到春秋时期，现今被称为“中国大运河”的运河河段包含了隋唐大运河、京杭大运河和浙东运河三部分，其全长共计 3200 千米，拥有 2500 多年的历史[1]。公元前 486 年，吴王夫差下令开凿邗沟，连通了江淮两大水系。同时，为与吴王争锋，同时期的越王勾践利用长三角地区密集的水网，开凿了如今连通长江与太湖水系的“古故水道”，开发沼泽平原的同时，促进了当地民生发展，也为绍兴到宁波浙东运河的开凿打下了基础。浙东运河起始于杭州，向东流经绍兴由宁波甬江入东海，整条运河都处于浙江省境内，全长 239 千米，西晋时运河完全形成。隋唐大运河指隋炀帝杨广为加强对江南统治，下令开凿的包括通济渠和永济渠在内的全长 2000 多千米的运河河段。605 年，隋炀帝征集百万民工，仅耗时 6 个月，便开凿了通济渠，全长 650 千米；608 年，隋

* 王雷，江苏科技大学安全保卫处助理研究员，研究领域：大学生教育管理。

炀帝又下令开凿永济渠，永济渠利用原本航道向北伸展，接着开凿了永定河至涿郡的河段（今北京通州），全长900多千米，黄淮两大水系由此沟通；610年，隋炀帝继续重新疏凿和拓宽长江以南运河古道，形成今江南运河。1289年，元世祖忽必烈下令开凿北起临清南达东平路安山的会通河。至此，由江南运来的钱粮盐绸便可直达元大都（今北京）。接着忽必烈又将运河延伸到了积水潭，修建了通惠河。至此，由北京直达杭州的京杭大运河完成修建。裁弯取直后的京杭大运河的通航，不可避免地抑制了隋代大运河中永济渠和通济渠的通航，使其被逐渐弃用乃至消失。[2]

自大运河凿通开始，中国南北得以沟通，经济迅速发展，它更是促进了海陆两条丝绸之路的开通建设，贯穿世界东西方，是世界文化沟通的桥梁，是我国古代不可估量的伟大工程，是先民遗留给后人的宝贵历史物质和文化遗产。此外，大运河沿线城镇的文化、经济繁荣对当时乃至后世的经济社会发展具有深远影响。大运河与万里长城并称为中华文明的伟大标志性工程。从先秦时代大运河的开凿，到今天，山东济宁以南的京杭大运河依旧流淌在中华大地上，它贯穿着南北的水道漕运，也连通了南北的文化交流，为沿岸城镇带去贸易与繁荣。纵观大运河历史，历朝历代的统治者们或因政治、经济、军事等各方因素开凿或废弃某段运河，而每段运河的兴衰荣败则关系着其沿岸城镇的发展与兴衰。大运河的贯通、繁荣、衰败、重生切实影响着沿岸百姓的生计，也见证着生活在这片土地上的生生不息的中华民族。大运河文化带的建设是彰显中华民族文化自信的重大使命，是新时代对祖先留给我们的宝贵遗产的创新与探索，也是推进区域高质量发展的坚实支撑。

2. 镇江段大运河的兴衰

镇江，旧称丹徒、曲阿、南徐、润州、京口等，地处长江沿岸，与扬州市隔江相望。春秋战国，时局动荡，镇江地区先后归属于吴国、越国及楚国，最终秦实现大一统，镇江亦归于秦朝版图。[3] 而镇江段大运河，最初源自先秦越王勾践为与吴王竞争，大力发展农业经济，为运输漕粮而开凿的“古故水道”，后秦始皇开凿丹徒水道，南起云阳（今丹阳），通过其他河道连接太湖，一路向北流经丹徒最后进入长江，由此，太湖水系与长江水系连为一体，东南统治得以加强，也是后世大运河江南段航道的雏形。[4]

公元前221年，秦统一六国，为巩固统治、巡视疆土，始皇帝多次巡游各地，其第五次东巡至镇江一带时，派遣囚徒凿断长冈，开凿了丹徒口，新开凿的丹徒入江口距离邗沟向南的入江口更近，大大缩短了南北通航的路途，减少了长江段行舟的距离，从而降低了行舟危险。[5]

东汉三国时期，镇江位属孙吴，孙吴定都建业（今南京），江南漕粮皆由京口或丹徒口入长江逆流运至建业，长江风大水险，漕船入江难免遇到大风浪，漕粮及人员船只皆有危险。为减少漕船在长江行驶距离，孙权另辟蹊径，派军士开凿破冈渎，开凿了一条由句容直通建业的人工水道。[3]

隋建都长安，南京原本政治中心的地位消失，它又恢复为秦汉时期的普通郡邑，之前开凿的破冈渎地位不再超然，京口入江的水道再次被重视起来。此外，隋炀帝开凿连通隋唐大运河的同时，也对镇江及南部的江苏段运河进行了拓宽加深，使其可通龙舟。[5]

此后，唐宋两代商品经济的发展，需要大运河的运输，而元朝同样重视海上贸易与江海通航。镇江段大运河或因漕运需求，或因军事作用，始终受到统治者的重视。这一时期，镇江城区段的大运河又被称为漕河、漕渠（大体南宋以前多称漕河，南宋始称漕渠），其河道位置基本稳定。但是，这一时期，镇江段大运河不得不面对一大压力，那就是长江入海口逐渐东移的问题。隋唐时期，长江的入海口还在镇江一带，而随后，淤积的泥沙已经创造出了大片的冲积平原。为此，北宋开宝年间，皇帝特意下旨改镇海军为镇江军，可见入海口东移对地形改变之大。而长江入海口东移对镇江段运河的影响在于，海潮及江潮不足，直接导致镇江段运河水源不足，而由于镇江具有海拔较高、河道较窄等特殊的地理情况，江潮频次及水源的减少会导致镇江段运河河道的淤塞，故而这一时期朝廷需花费大量的人力物力用于运河河道的疏通。为更有效地解决水源不足带来的航行问题，除疏通河道外，当地政府还在运河上建立了各式闸口用以调节水源，促进通航。其中以北宋哲宗时期修建的京口复式澳闸最为著名。[6] 此外，为引长江水接济运河水道，在京口闸两侧分别开挖了新的辅渠，如宋天圣七年（1029）开凿的新河，嘉定八年（1215）开凿的蒜山漕河等。

明清时期，由于闭关国策，镇江段大运河几经弃用再启用的尴尬境地。明朝初年，舟经此者尚众，之后河道淤塞，大运河通航能力下降，甚至常常致使漕船倾覆，为江浪吞没。天顺年间，朝廷征三万民工疏浚了镇江段运河河道，并修葺了其上的多座江闸港口。清顺治十六年（1659），由于南北两水关的关闭，运河河道被弃用，河道成为百姓的垃圾场，河道淤塞甚至消失。直至康熙十一年（1672），淤塞十三年之久的河道才被重新开挖疏浚。而至康乾之时，原本的漕渠旧道已经消失在人们的视线中，取而代之成为主河道的是宋时开凿的新河及明代中后期开挖的转城运河。[7]

（二）研究现状

大运河镇江段的变迁影响着镇江的城市发展，同时镇江的城市发展也在某种程度上改变了大运河的航道情况。有关大运河镇江段的河道变迁史与城市发展关系的研究，目前已有的可参考文献如下：

东南大学汪艳的《水网格局影响下的大运河—长江三角洲地区历史城镇发展与变迁》（东南大学，2019 年）从城乡规划学角度宏观地分析了水网分布与周围城市的互生发展规律，详细列举了大运河—长江三角洲水网与周围城市的发展，详细解析可供未来城市发展学习与借鉴的历史经验。

华东师范大学林家豪的《明清镇江水运交通与城市发展》（华东师范大学，2018 年）从历史学的角度阐述了镇江的城市发展史，其明清时期的商业手工业发展、河道变化对城市格局规划的影响，以及镇江极具江河特色的津渡文化。

贺云翱、干有成的《中国大运河江苏段的历史演变及其深远影响》从整个江苏省内的大运河演变宏观阐述了其对沿岸的历史人文的重要影响。

此外，还有郭昭昭、陈梦玲的《大运河镇江段的形成过程、典型特征与文化内涵》、孙洪军的《大运河镇江段文化内涵研究》、王玲真的《京杭大运河与镇江城市文明的兴起和发展》等文章从镇江城市文明文化发展的角度分析探究其与大运河的关系，为我们了解镇江文化与发展提供参考。

（三）研究意义

中国大运河作为中华文明的见证者，也是中华文化的代表，于 2014 年被列入《世界遗产名录》，成了中国在世界，为世界人民所认同并愿意共同守护的文化瑰宝。作为这份遗产的继承人，我们应当保护好大运河的新旧河道、周围环境，传承好大运河所承载的历史文化，利用好大运河带来的一切资源。

大运河镇江段通航段全长 42.6 千米，另外还有城区段的 16.7 千米古运河。镇江位于长江南岸，地处南北运河交界之处，长江与运河的十字路口，这里交融着来自长江北岸的淮扬文化和江南水乡的吴越文化及大江上下其他各地的文化精髓，分布着大量的国家级文保单位，有众多文化类别和非物质文化遗产。对这些文化的深度挖掘及研究有助于镇江在大运河文化带建设中更好更精准地抓住新机遇。

以史为镜，可以知兴替。研究大运河镇江段的变迁史与城市发展的关系，可以从理论上帮助大运河文化带的建设者们，以历史发展为例，指导进行大运河文化带建设，为建设提出宝贵意见，给出可行方案。同时应充分利用大运河文化带的建设，带动镇江的城市发展，丰富民众的文化生活。

二、镇江城市发展与大运河变迁

包括镇江段大运河在内的江苏段大运河具有最悠久的运河开凿

历史，无论是隋代大运河贯通南北水系时，还是元代改曲变直开凿了如今的京杭大运河，江苏段大运河始终在大运河体系中承担着自己重要的职责，许多河道自先秦起至今仍然存在。

镇江地理位置特殊，本就是长江沿岸的军港重镇，大运河的开凿更加重了它的地位，大运河与长江在镇江段交汇，形成了长江中下游的“十字黄金水道”。[8] 处于黄金水道咽喉部位的镇江得天独厚，地势险要，把守住镇江，统治者就可以做到同时节制运河南北方向及长江东西方向的船只通航。特殊的地理位置成就了镇江特殊的政治、经济、军事地位，使得镇江历来就是大运河上的军事和商业重镇，而镇江的发展也必然与大运河的兴衰有着密切的联系。

春秋战国时，为确保国家仓廪实，可与吴争，越王勾践开凿古故水道，为水道沿岸的城镇带去了水源灌溉，滋润两岸植被，方便了两岸居民的生活；疏浚运河所挖的河底泥沙也成了肥沃两岸农田的天然肥料，增加了运河两岸的粮食产量，而这既是统治者进行此项工程的本意，也确实是当时运河所起到的主要功能。同时，运河开凿加强了本地的漕运能力，为运河沿岸带来了各地的生产原料及手工制品，为当地带来了丰富的商业物资，客观上发展了当地的商品经济，更为未来江苏地区的商业发达打下了基础。当然，此时的运河漕运能力，受限于开凿技术、造船水平等因素，在当时并不突出。先秦时期，诸侯割据，天下分合不定，长江天堑便是诸侯国界的最好分界线，那么位于长江南岸且易守难攻的镇江地区自然而然就成了长江南岸国家的军事重镇。此外，通航的大运河更是为镇江送去源源不断的漕粮物资、强兵重器，对威慑对岸、守卫国土具有重要作用，而这也为镇江地区不可动摇的军镇、军港的历史地位奠定了基础。这一点在三国两晋时期最为突出，东汉时期，孙吴便是在北固山设铁瓮城，以据守长江天堑以抗曹。[9] 而孙权开凿的自建业（今南京）至武进（今镇江）的新水道更是直接沟通了当时的政治中心建业与军事重镇武进，避免了船入长江的风险，加强统治的同时，可拱卫首府。[5] 三国时，镇江地区的城区格局还只是围绕着铁瓮城分布，六朝时期，由于战乱饥荒等原因，北方移民渡长江而南下，镇江地区人口数量逐渐壮大，城市格局也逐步完善且具规模，同时由于六朝混乱的军政局面，镇江地区的军事地位依旧牢固[10]。与此同时，由于更多军民的加入，镇江段运河被逐渐改造，其通航能力得到改善。[4] 隋唐以前这一时期，大运河带给镇江的主要是军事力量的巩固，而随着国家逐渐统一，它在民事通航等方面的作用逐步显现。

隋一统战乱局面，国家逐步统一，隋炀帝在前人基础上，连通了各部分运河及自然水系，开凿了隋代大运河，而对包括镇江在内的江苏段大运河河道进行了拓宽加深工作，使得他的龙舟可以在运河通航，方便他去南方巡视。隋代大运河贯穿南北，使得中国东部五大水系连为一体，沟通了全国商贸，使南方米粮得以北运，北方农耕技术、手工制品可以南传，文化的交流促进了南方农业经济等的发展。致使地处南北咽喉的扬州和镇江地区快速发展，这一时期镇江正式确立了其交通枢纽的地位。[9] 隋代大运河的开凿虽劳民伤财，但它在客观上促进了江南经济的发展，加强了国家对江南地区的统治。

唐代继承隋代江山，建都长安，且因为隋唐之际原本的都城建康被毁，镇江成了江南地区的政治中心。同时，由于这一时期政治稳定，经济繁荣，时局开放等原因，镇江地区作为军事重镇的功能有所下降。但是，得益于大运河，镇江成了江南货运北上及北方货运南下的必经之路，漕粮货税自然不少。这一时期，北方经济逐渐凋零，南方崛起，全国经济中心逐渐南移，为南方发展带来了机会，促进了南部地区经济发展。由于六朝战乱为南方带来了大量人口及农耕技术，江南地区逐渐发展为重要的粮食主产地，江南富庶，税收自然也多，作为江南政治中心的镇江也成了南方的经济中心及税收财政中心。[5] 唐贞观至天宝年间，江南道人口数由原本的九十多万增长到一百七十多万，短短一百年间人口增长近两倍。而此时的镇江成了全国漕运三大节中最重要的一环，称之为咽喉部位绝不夸张，特殊的位置造就了镇江重要港口城市的地位，同样也为镇江的经济带来了重大发展。[11] 755年冬，安史之乱突然爆发，北方的战乱再次刺激了人口南移及南部经济发展。安史之乱后，江南赋税支撑全国税收的大半江山，可说全国赋税分十成，其中九成出自江南。而此后南粮北运成为国家制度，大运河正式承担起了漕运的功能。[10]

北宋建立，结束了安史之乱后唐末至五代十国时期藩镇割据、军阀混战的局面，国家再次统一，时局再度安稳。宋朝，商品经济大发展，贸易的迅速发展，使得镇江在大运河的重要地位更加突出。此外，宋朝镇江地区还设置了外贸港口，加强对外贸易，促进了镇江经济发展。唐代坊墙制度的取缔，使得国内流动人口增多，新市镇的兴起及便捷的交通更使得人口迁移逐渐常见起来，宋代显著的移民现象，在中国移民史上十分重要，而两宋之交的靖康之变带来了中国历史上第三次人口大南迁，这次南迁使得中国经济中心的南移成为不可逆转的定局，中国经济文化重心南移就此完成。镇江作为长江下游尤其是长江南岸的交通枢纽，在这次大移民中承担了大量的移民接收工作。其中，不乏文人墨客、传世名家，他们的迁入，为镇江带来了更高的知名度。同时，他们带来的藏书密卷丰富了镇江的文化底蕴，推动了镇江的文化教育。北来的移民融入当地，让镇江地区人口充盈，耕田增加，城镇发展，经济繁荣，文化汇集。[12] 南宋朝廷建都杭州，据守长江以对抗金兵，此时的镇江军事作用再度凸显。[13] 同时长江中上游的赋税漕粮及其他商贸物资均由镇江进入运河运送至杭州以及南方其他府州，镇江的商业快速发展，经济实力不容小觑。[14] 两宋时期的镇江兼具军事职能与经济职能，此时的镇江城镇发展可谓巅峰。[15]

元定都大都（今北京），为满足新的漕运需求，忽必烈下令开凿了由北京直通杭州的京杭大运河。但由于部分开凿河段地理位置较高，限制了大运河的通航能力，所以，为满足漕运需求，朝廷同时开通海运。[10] 海运的开通整体上影响了运河的作用，抑制了运河沿岸城镇经济发展。元代镇江城市的规模大大缩小，相较唐宋时期缩减了近一半，且穿城运河的南北两端设置了水关。[4] 诚然，在大运河整体状况一般的情况下，镇江城镇也受到了影响，但是在元以海运代漕运的大背景下，镇江段大运河依旧重要。

明清时期，朝廷花费大量人力物力整治京杭大运河，大运河通航能力大幅增强，而镇江段大运河则是江南段运河的重点整治对象，几乎年年疏浚。大运河漕运地位的回归，为镇江地区发展带来了新的机遇，镇江地区再度发展，逐步恢复到唐代罗城的程度。明代允许漕船夹带“私货”，规定了每条船可携带的土产货物数量，并且这些货物免税，以此来鼓励旗丁承运漕粮，这一政策的改变，客观上促进了商品经济的发展，镇江作为港口城市，也深得其利。[7] 但是由于这一时期的镇江长期处于州一级别，政治军事功能下降，所以镇江城市范围在这一时期逐步定型，不再扩大。仅晚清至民国受镇江工商业影响，其城市格局才再次被打破，城市得以扩大。[16]

清末至新中国成立，铁路运输大发展，大运河的漕运功能不再那么突出，部分大运河河段逐渐弃用。镇江作为典型的运河港口城市，也深受时代发展的影响。清末民初之时，镇江运河的河道逐渐淤积为百姓生活杂物所填，入江水道被四方泥沙淤积变为陆地，有的段落直接被填筑成了道路。新中国成立后，镇江城中关河逐渐淤塞，城北通江河道也不复通畅。[4] 随着时代的发展，铁路、高速、航空……新的更便捷的交通方式层出不穷，南北交通格局发生了重大变化，大运河航运等传统运输逐渐被挤出历史舞台，京口水道也难免其衰落的命运。时代发展给大运河带来了新的历史使命，大运河逐渐只承担大宗货物航运，并且成了中华文化的另一代名词。[17]

三、镇江与大运河文化带建设

（一）镇江城市发展与大运河的整体关系

镇江的历史发展，虽然不可避免地受到当时政治局势、战争、政策的影响，但我们明显可见大运河在镇江的历史发展中拥有着不可磨灭的印记。依靠着大运河，镇江在不同的历史时期，有着自己不同的城市功能定位。国家战乱分裂之时，镇江便据守长江天堑成为军事重镇；国家和平统一之时，镇江便利用江河水利之便，转型成为商业重镇。由此可见，镇江的城市发展与大运河息息相关。

纵观历史长河，镇江的城市规模在元代以前是不断发展的，元以后，其发展放缓，趋于平稳并逐步稳定，但城市中间市坊结构会随着大运河河道变迁而局部更改。就镇江的城市功能来说，它易守难攻的地形及南北之交的地理位置铸就了它军事重镇的地位，大运河的存在更是锦上添花，使它的军事作用加强。同样，大运河也为镇江带来了经济发展，使其成为港口商业城市。但是镇江的这两重身份在历史的不同时期又有不同侧重。隋以前，大运河尚未贯通南北，朝廷更加看重镇江的军事作用；隋以后，镇江的经济作用及港口漕运更为统治者所瞩目。大运河镇江段的变迁影响着镇江的城市发展，同时镇江的城市发展也在某种程度上改变了大运河的航道情况。大运河很脆弱，尤其是镇江段的大运河，由于地势较高很容易淤塞。当人们重视大运河、保护大运河的时候，大运河便与城市互惠互利。但是当人们忽视大运河，任其流淌时，大运河便会逐渐淤塞，甚至消失。

（二）镇江段大运河文化带建设情况

大运河历史悠久，它近乎见证了中华民族的整个发展史，它于中国而言，不仅仅是用以通航的河道，更是中华文化的标志，我们基因里镌刻的大运河印记。2014 年 6 月 22 日，中国大运河被列入《世界遗产名录》，自此，中国大运河正式拥有了世界文化遗产的身份，成为世界公认的文化符号和人类共同守护的文化财富，是中国文化遗产“走出去”的标志性品牌。当此时刻，我们更要深挖以大运河为核心的历史文化资源，承担起保护大运河的共同责任，要统筹保护好、传承好、利用好大运河文化。[18]

大运河镇江段通航段全长 42.6 千米，城区段古运河 16.7 千米。

镇江位于长江沿岸，地处南北运河交界之处，长江与运河的十字路口，与镇江隔江而望的便是淮扬文化中心的扬州，而沿运河南下则是代表吴越文化的苏州，其区域位置十分独特。这里汇聚融合了长江上下及运河南北各方的文化精髓，分布着大量的国家级文保单位，有众多文化类别和非物质文化遗产。镇江在大运河文化带建设中具有得天独厚的历史文化条件，大运河文化带建设一定会给镇江带来新的机遇。

在大运河文化带建设项目提出以前，镇江市便已经开始了对大运河的整治工作。自 1992 年起，政府便不断地进行古运河的整治工作，如今的大运河又恢复了它鼎盛时期的面貌，甚至更好。[19] 目前镇江段规划主要是利用好大运河沿岸各处文化遗址，围绕古运河打造好“三段五轴十二景”，将镇江建设成具有人文底蕴的文化旅游休闲城市，而镇江也在人文旅游业方面做出了自己的努力。[20] 镇江目前拥有多处著名的文化旅游景点，诸如西津渡、金山寺、甘露寺、北固山、焦山、谏壁公园等，每年都为镇江吸引来大批游客；正如镇江的城市标语所说，镇江是一座美得让你吃醋的城市。提起镇江，不得不提它的恒顺香醋，且不提恒顺香醋味醇价廉，我们来看位于恒顺总部的醋文化博物馆，馆内除却传统的文化知识及历史人文介绍外，还有产品酿造的全过程展示和工艺过程表演，以及优质产品的品尝，带给游客很好的体验。镇江的特色饮食除却香醋外，还有锅盖面和肴肉，三者合称“镇江三怪”。大运河为镇江带来了丰富的文化资源，其极具融合性的饮食文化、港口文化、经济文化及军镇文化等，是镇江宝贵的无形资源。

镇江应该紧紧抓住大运河文化带建设的东风，充分利用大运河，合理规划大运河文化带建设，以大运河文化带建设带动镇江旅游业发展、拉动城市经济增长、丰富人民文化生活、促进镇江城市发展。

（三）关于镇江抓住大运河文化带建设发展机遇的建议

以史为镜，可以知兴替。研究大运河镇江段的变迁史与城市发展的关系，可以从理论上指导大运河文化带建设，为建设提出宝贵意见，给出可行方案。同时充分利用大运河文化带的建设，带动镇江的城市发展，丰富民众的文化生活。

1. 维护运河通航功能，发展运河文化旅游服务

由历史可知，镇江漕运衰落之时，镇江城市地位不可避免地深受影响。依借大运河发展镇江，我们首先需要确保镇江段的京杭大运河河道及古运河河道的顺利通航，确保已有的水运经济发展。其次，可以在大运河上发展轮渡、游船、港口或船上河鲜餐馆等文化旅游的服务项目，以此增加大运河的经济价值。同时，这也是对镇江津渡港口文化复兴的一次尝试。

2. 因地制宜，绿色发展

对在通航、未通航和未发掘的运河河道的发展规划上应因地制宜，根据实际情况进行开发。尤其是尚未通航和未发掘的运河河道，对于其是否通航或挖掘，应该根据周围地域、人文、经济等各方面因素综合考虑，不能一味开挖，也不能放任不管。此外，对于运河，我们应该持有先保护再发展的态度，维护运河周围环境、水源质量、遗址安全等，其次再考虑对该河道的利用与发展。

3. 建设沿河公园，打造宜居城市，吸引人才迁居

历史上，大量的北方移民为镇江的城市发展带来了动力，如今的镇江发展依旧可以通过加强移民来推动。而要吸引人才流入镇江，我们不得不全力打造镇江宜居城市、山林城市的招牌。目前镇江的文旅景点太过分散，所幸大部分景点都在古运河及江南运河附近。那么，我们就可以利用大运河，大力整治运河沿岸的自然人文环境，沿运河种植树木，规划公园，打造一条景色优美的沿河步道，既可以连接起运河沿线的景点，又可供居民日常散步，假期游玩。连成体系的景点及周边的文旅项目，可以更好地吸引外地游客的关注，促进游客消费，增加第三产业收入。优美的居住环境，吸引全国人才的迁入，为镇江的长远发展夯实基础。

四、结语

2500 多年前，吴王夫差下令开凿邗沟时，大概从未想过，由他而始的中国大运河会长存于中华大地，在历史的跌宕中蓬勃发展，逐渐贯穿南北地域，承接东西文化。在中华大地默默流淌了 2000 多年的大运河，今天依旧繁忙，昌盛。镇江郊区，江南运河镇江段的大运河河道每天依旧有无数的货轮通航，来往运输南北的货物，长江上下的船只自镇江进入运河，向南至常州、无锡、苏州、杭州……镇江市区内，有的百姓还延续着千百年来的生活方式，出入在古老的运河两岸。人们沿河漫步，欣赏美丽的运河风光，享受美好的休闲时光。

2000 多年来，镇江百姓在大运河畔存续繁衍、生生不息，镇江城市依靠大运河运输来的丰富物资发展壮大，大运河更是造就了镇江兼容并包、汇聚南北的文化。而镇江历朝历代的治理者也竭尽所能维护着大运河的正常通航，并尽力改造运河上的各个闸口，使其与时俱进，流淌不息。

历史上的大运河为镇江带来了一次又一次的发展机遇，而这一次大运河文化带的建设必然是镇江发展史上不可错失的又一次机遇。镇江借助文化带建设的东风，依借山林城市的美誉，立足城市景观建设，深挖城市文化底蕴，定能打造美丽新镇江，为镇江在旅游发展、经济提升、人口增长等方面做出贡献。

参考文献：

[1] 姜师立. 论大运河文化带建设的意义、构想与路径 [J]. 中国名城，2017（10）：92-96.

[2] 林留根. 历史、本体与象征：“大运河——中国的世界文化遗产”策展 [J]. 东南文化，2021（3）：136-41.

[3] 郭昭昭，陈梦玲. 大运河镇江段的形成过程、典型特征与

文化内涵［J］．大运河印记，2020（8）：68-71．

［4］霍强．镇江古代水道开发对城市发展的影响［J］．镇江高专学报，2017，30（2）：1-5．

［5］王玲真．京杭大运河与镇江城市文明的兴起和发展［J］．南通大学学报，2008，24（1）：21-24．

［6］向明，郝宝平．宋代大运河镇江段的水源管控［J］．档案与建设，2020（7）：68-71．

［7］高逸凡．明清镇江府城运河水道变迁考［J］．镇江高专学报，2020，33（1）：6-9．

［8］本刊编辑部．运河城市与文明［J］．中国生态文明，2014（3）：64-69．

［9］孙洪军．大运河镇江段文化内涵研究［J］．镇江高专学报，2020，23（1）：1-5．

［10］林家豪．明清镇江水运交通与城市发展［D］．上海：华东师范大学，2018（12）：1-83．

［11］刘锦增．论隋唐时期大运河对江浙地区城市发展的影响［J］．运城学院学报，2014，32（4）：55-58．

［12］严其林．两宋移民与镇江［J］．镇江高专学报，2006，19（2）：6-9．

［13］胡晶晶．宋元以来镇江城内坊厢变迁初探［J］．都市文化研究，2016（2）：78-96．

［14］李萍．《嘉定镇江志》研究［D］．上海：上海师范大学，2016：36-41．

［15］俞希鲁．至顺镇江志［M］．江苏：江苏古籍出版社，1990：49-54，278-297．

［16］王皓冰，刘鹏程．镇江城市规划与空间结构变迁研究［C］//中国城市规划学会．新常态：传承与变革：2015 中国城市规划年会论文集：03 城市规划历史与理论．北京：中国建筑工业出版社，2015：198-204．

［17］胡雪杨．交通近代化进程中镇江商埠地位的变迁［J］．交通航运，2021（7）：203-205．

［18］李龙．新时期建设大运河文化带的思考：以大运河河南段文化带建设为例［N］．中国文化报，2021-4-13（3）．

［19］王文倩．镇江交通大运河航运文化建设初探［J］．中国水运，2019（7）：43-44．

［20］廖维俊．现代治理体系在水文化建设中的嵌入：以大运河文化带镇江段为例［J］．浙江水利水电学院学报，2021，33（3）：16-21．

● 价值意义传承

基于线性文化遗产保护下的镇江运河文旅融合文创产品开发设计与品牌传播

谷 燕*

引言

中国大运河举世瞩目，历经2500多载的岁月变迁，是人类水利史上修建最早、跨度最长的人工河。大运河至今仍在使用，是我国历史上承载军事、通航、漕运、水利及南北交流的重要通道。而流经江苏省境内的运河段长690千米，其中列入世界文化遗产的河段长度为325千米，全省七成左右的各级文物保护单位分布在京杭大运河江苏段沿线①。

然而，由于城市陆空交通的日益发达，江苏一些古运河段和沿线码头已经荒废，留下了不少面临消亡的相关物质和非物质文化遗产。在线性文化遗产保护时代的当下，充满文化内涵、赋予全新创意设计的文旅融合文创产品开发与传播方兴未艾，经济上也创建了多元并进、锐意进取的文化旅游融合创意产业经济发展模式。文旅融合文创产品是文创产业中最突出的代表，所体现的不仅要将文化遗产的外部形象和制作技艺进行复原，更要将现代设

* 谷燕，江苏科技大学机械学院副教授，博士，硕士生导师，研究领域：工业设计。

① 邹玉清. 分形与延续：世遗大运河江苏城市物质与非物质文化遗产相交融文创产品设计［J］中国市场，2017（11）：142.

计的新材料、新手法、新观念融入文化遗产中，让古老的文化焕发生机，吸引人们的眼光，满足人们的文化需求。着眼于线性文化遗产保护时代背景下的镇江运河文化带文创设计开发，需要深入了解镇江运河文旅融合文创产品的价值属性，通过整合设计手段达到价值开发的目的，让文化遗产保护与文旅融合文创产品形成价值共创体系，最终向世人展示大运河镇江段文化遗产的文化内涵。

一、文化遗产与文旅融合文创产品设计的价值共建

（一）文化遗产的价值

关于文化遗产的认定，时间上可以追溯到1976年，它是由联合国教科文组织面向全球所建立的一份不分国家和地区、只要评审通过就可以位列其中的世界遗产名录，通过世界级的名录评选制度让全球的重要文化遗产载入史册，以此来呼吁和警示全世界联合起来保护人类共同的文化遗产。国际社会对文化遗产的高度重视，在于它的历史、艺术和科学价值及其稀缺性，在于它对个人、团体与群体生命的独特意义①。根据联合国《保护世界文化和自然遗产公约》条例，将以下各项定为文化遗产。古迹：从历史、艺术或科学角度看具有突出的普遍价值的建筑物、碑雕和碑画、具有考古性质成分或结构、铭文、洞窟及景观联合体；建筑群：从历史、艺术或科学角度看在建筑式样、分布均匀或与环境景色结合方面具有突出的普遍价值的单立或连接的建筑群；遗址：从历史、审美、人种学或人类学角度看具有突出的普遍价值的人类工程或自然与人的联合工程以及有考古遗址的区域。

文化遗产饱含着地域文化的精髓，是人们共同记忆的精神载体，

---

① 唐璐璐，向勇．文化遗产属于“我们”还是全世界？［N］．中国艺术报，2018-9-5（8）．

也是维系民族情感的符号象征。在形形色色的文化遗产中，不仅包括常见的工艺品、服饰、食品等有形的文化遗产，即物质文化遗产；也包括存在于民族、习俗、语言、技艺中的无形的文化遗产，也就是我们常说的非物质文化遗产。文化遗产凝结了当地人民的勤劳与智慧，具有长远的历史价值和文化价值。

1994 年，自文化线路遗产概念在西班牙马德里召开的文化线路世界遗产专家会议上第一次被清晰提出以来，“文化线路”（cultural routes）理论不断在实践中发展。1998 年，国际古迹遗址理事会（ICOMOS）成立了文化线路科学委员会（CIIC）。2003 年，《保护世界文化与自然遗产公约实施指南》讨论稿中对文化线路的定义是：“是一种陆地道路、水道或者混合类型的通道，其形态特征的定型和形成基于它自身具体的和历史的动态发展和功能演变；它代表了人们的迁徙和流动，代表了一定时间内国家和地区内部或国家和地区之间人们的交往，代表了多维度的商品、思想、知识和价值的互惠和持续不断的交流；并代表了因此产生的文化在时间和空间上的交流与相互滋养，这些滋养长期以来通过物质和非物质遗产不断地得到体现。”2008 年 10 月，在加拿大魁北克召开的 ICOMOS 第 16 届大会上通过了《关于文化线路的国际古迹遗址理事会宪章》（即《文化线路宪章》），标志着文化线路正式成为世界遗产保护的新领域。

线性文化遗产是在文化线路及相近的遗产廊道、文化廊道、历史路径、线状遗迹等遗产概念的基础上形成的。线性文化遗产是指在拥有特殊文化资源集合的线形或带状区域内的物质和非物质的文化遗产族群，往往是出于人类的特定目的而形成一条重要的纽带。它将一些原本不关联的城镇或村庄串联起来，构成链状的文化遗存状态，真实再现了历史上人类活动的移动，以及物质和非物质文化的交流互动，并赋予作为重要文化遗产的载体人文意义和文化内涵。

（二）文旅融合文创产品的价值

文旅融合文创产品是指具有文化内涵的创新性产品，因此文旅融合文创产品也被称为文化创意产品，即以文化和新颖的创意为核心的产品设计，一般来说被划分在文化创意产业的区域①。文旅融合文创产品通过设计师设计、厂家生产、公司营销和消费购买使用得到流通，而在这一系列过程中，其文化内涵的传播取得了“润物细无声”的效果，使人们对文化的认同在不知不觉中产生。如果说物质产品是人们在生产过程中创造的、具有使用价值的产品，那么此产品具有物质属性，这是众所周知的。而文旅融合文创产品却是既具有物质属性又具有精神属性的产品，即人们在使用的同时会满足精神层面的需求。具体来说，产品是企业向市场提供满足人们需求或欲求的物体②。当产品中注入了文化和创意，即将文化资源的精神内涵通过巧妙的创意设计进行物化之后，呈现出来的现代化产品就是文旅融合文创产品。但在“互联网+”时代，所谓的产品不仅指我们肉眼可见的、具体的、有形的、可触摸的制造物，也包括各种信息、软件、音频、视频、服务等网络产品，这些产品是抽象的、无形的，大大区别于传统产品的形态，当然也是无法触摸到的。可是这些产品依然是从人们的创造性活动中诞生的，而且凝聚着人们的智慧，满足着人们的需求，同时这些产品也拥有更为巨大的经济价值③。所以说，文旅融合文创产品是与时俱进的，包含了文化创意产业相关的现代各类电子信息和网络产品及服务等的全新组合。文旅融合文创产品既然是把文化资源给予现代创意表现出来的产品，所以也要紧跟时代，将时代精神物化于其中。这就要求设计师既有传统文化的修为，又有现代时尚的眼光，把握新材料，掌握新技术，融合传统于当代，思想开阔，放眼世界，设计出集文化创意和生活实用于一体的产品，这时的文旅融合文创产品才是符合高附加值的

① 周承君，何章强，袁诗群. 文创产品设计［M］. 北京：化学工业出版社，2019：16.

② 周承君，何章强，袁诗群. 文创产品设计［M］. 北京：化学工业出版社，2019：16.

③ 约翰·霍金斯. 创意经济［M］. 洪庆福，孙薇薇，刘茂玲，译. 上海：上海三联书店，2007：4.

现代意义上的商品[1]。因此，从商品本身的价值属性来分析，文旅融合文创产品不但具有普通商品的一般使用价值，还具有内在的、符号化的文化价值和能够带来创收的经济价值，以及被社会认可并得到传播的社会价值，形成了一种立体化的、多元化的价值体系。

（三）文化遗产与文旅融合文创产品价值共建体系

鉴于文化遗产是人类在长期发展过程中积累和沉淀下来的特殊的象征着人类文明精髓的物质和精神资源，所以它对促进当前经济发展的力量迥异于那些显而易见的财力、物力、人力等浅层次要素，是一种长期浸润的、内在的、深层次的推动力量。当人类迎来了工业革命的曙光，轰轰烈烈的机械化生产降低了文化艺术品的成本，艺术品的高端精神消费从宫廷走向民间，从贵族走向普通百姓。从20世纪开始，电子信息技术日新月异，各种硬件、软件不断涌现。自数码影像进入艺术领域以来，美术、设计都出现了新的面貌，拓宽了创作、发布和购买的系列环节，年轻一代甚至连老年人都可以共享互联网、智能设备带来的便利。官方媒体、自媒体、App和小程序等层出不穷，不断推陈出新，各种艺术媒介纷纷进入寻常百姓的生活，足不出户就可体验世界范围的各种艺术展、各类电子书籍及网上博物馆，人们仿佛多了一双看世界的眼睛。人们瞬间就可以向互联网发布自己的最新创作，世界各地的人们都可以目睹为先，不得不说互联网及各种软件掀起了全球文化艺术的高潮。从前的文化艺术接受者华丽转身成为文化艺术的创造者，无形中体现了“人人都是艺术家”的趋势，仿佛是文化艺术的大爆炸，可见文化艺术对当今经济社会巨大的渗透力和前所未有的影响力。

随着经济全球化的发展，国家与国家之间的竞争不再是长枪短炮的军事较量，而是在国际间进行的文化和商业的角逐。在欧美、日韩等国家和地区，文创产业甚至成为国家形象的代表，文旅融合

---

① 杨慧子. 非物质文化遗产与文化创意产品设计［D］. 北京：中国艺术研究院，2017：19.

文创产品销售带来滚滚的利润直至发展为社会经济的支柱性产业，相关文旅融合文创产品开发、设计、制造、营销等一系列流程解决了很多人的就业问题，文创产业成为新的世界竞争获胜的法宝。我国政府将文化产业视为国民经济的支柱性产业，已经确立了建设文化强国的战略目标，把文化产业放到建设日程中，制定了增加值超过5%的发展目标。

各种数据表明，文化当之无愧成为当前经济发展的重点，是满足民生、增强国家软实力和综合实力的重要体现。文旅融合文创产品的价值是把抽象的文化附着到系列的产品上来实现的，需要正确把握文化的内涵，以恰当的创意设计来表现，经过消费者的购买和使用来推进文化的传播，这对于区域文化的广泛传播不仅有效，更重要的是能够带来经济效益，使地方经济得到发展。利用文旅融合文创产品来实现文化遗产的保护与传承是一件双赢的事情，首先要由政府发起，与企业联动，配合设计师及营销团队大力宣传；其次要赢得消费者的认可，获得消费者的情感认同，通过消费者的传播扩大影响力。设计师的工作尤为重要，可以提炼文化符号特征进行创新再设计，也可以使用新材料、新技术搞创新研发。当然，品牌营销也是重中之重，只有文创产品本身打动消费者才能实现文旅融合文创产品的经济价值，进而将文旅融合文创产品所承载的文化传播开来，最终构建物质文化遗产与文旅融合文创产品的价值共创体系。

二、推动大运河镇江段文化遗产发展的文旅融合文创产品开发设计因素

（一）大运河江苏段文旅融合文创产品开发设计的背景

大运河自古到今一直默默流淌着，是我国从未间断的文化血脉。沿线历史文化资源众多，形成了包括各种各样底蕴丰厚的物质文化遗产与非物质文化遗产交织在一起的文化带。2014年6月22日，中

国大运河项目作为世界文化遗产正式列入《世界遗产名录》，成为我国第46个世界遗产项目。古老的大运河焕发出新的生机，其相伴相生的大运河文化深深地浸润在祖国大地上。然而由于当前社会的飞速发展，很多文化遗产出现了各种困境，如果不采取措施挽救就会面临消亡。老话说“文化搭台、经济唱戏”，大运河是国家资源，代表了一种特定的文化，大运河沿岸人民的精神品格和大运河息息相关，应该将大运河的文化精神进行物化，加深对大运河文化遗产的关注，让更多的人了解大运河，从而保护大运河，促进大运河沿岸经济的复兴。

2017年6月4日，习近平总书记在中共中央办公厅调研室《打造展示中华文明的金名片——关于建设大运河文化带的若干思考》一文上作出重要批示，指出“大运河是祖先留给我们的宝贵遗产，是流动的文化，要统筹保护好、传承好、利用好”。中共中央办公厅、国务院办公厅随后印发了《大运河文化保护传承利用规划纲要》，明确提出“打造大运河文化带是新时代党中央、国务院作出的一项重大决策部署”，为我们推进大运河文化带建设指明了方向和路径①。

但大运河流经区域有不少面临远离城市的境况，沿岸村庄大多以传统的农业为主，乡村经济落后，公共文化服务贫乏，缺少对当地运河文化环境的开发和有效依托发展，区域现状明显存在被动性和滞后性。当地政府要响应国家文化强国的政策，积极推动文化创新，给予各项主动性扶持，进行乡村经济转型。目前，应利用好世界文化遗产这个品牌，以国家、省、市各级开发政策的支持为契机，梳理当地丰富的文化资源，带动城乡居民进行文旅消费，吸引消费者，拉动内需，让运河文化遗产资源得到充分的挖掘，实现价值共创。当前我国文化产业空前发展，消费者自身文化层次提高，注重文化性和个性化消费，喜欢购买文旅融合文创产品。所以，把地方区域内的运河文化遗产物化为文旅融合文创产品，开发其附加价值，

① 赵成君，李源，李鑫津．大运河文化带建设，看“扬州担当”［N］．新华日报，2019-9-26（1）．

是建设和传承运河文化的重要路径。

从产品研发的角度看，文化遗产的文化创新应该是当前文旅融合文创产品要重点关注的。大运河文旅融合文创产品是运河文化与商品的结合体，它不仅具有商品属性，更具有文化属性。因此，全力实施大运河文化带建设中的文旅融合文创产品开发和品牌传播，力争把大运河文化打造成能展示我国优秀文化底蕴的重要窗口，让文旅融合文创产品成为大运河文化的传播载体，是我们设计工作者应该去思考并勇于实践的重大课题。

大运河镇江段作为大运河文化带建设的主要河段之一，运河沿岸区域的文旅融合文创产品开发和品牌传播肩负着极其重要的任务和使命。大运河镇江段的历史、文化、地理、生态资源，是当今大运河文化带建设得天独厚的优势资源。但目前大运河承载的文化价值和精神内涵挖掘还不够，大运河镇江段的文化脉络和历史内涵尚未厘清，对运河文化的挖掘、研究、阐释有待深化，大运河文化遗产活态传承没有明确的载体，文化传播的渠道亦单一匮乏，不利于大运河文化的延展和保护。毋庸置疑，大运河文化带的全面保护和建设是历史赋予我们的前所未有的机遇，契合了江苏省“打造文化强省、弘扬江苏文化”的目标。江苏省委领导指出，“要把江苏段建设成大运河文化带中最精彩的一段，让人们一提到运河想到的是江苏，欣赏运河之美首选到江苏，研究运河文化必须到江苏，展示运河形象全国向往着江苏”。这就需要我们对镇江大运河文化带做系统的调研，总结和提取具有代表性的文化符号，将这些文化符号与新的时代特征融合为呈现要点，开发设计镇江段大运河文旅融合文创产品。从游客角度看，他们不只是冲着商品的使用价值去购买，是从商品的文化意义上去购买，让游客通过购买文创产品来进一步体验镇江运河文化，记住运河，传播江苏文化，同时为江苏运河的发展带来一系列的经济收入，是江苏政府、企业、设计师共同努力、强强联合的责任担当。

（二）丰富的运河文化遗产资源

江苏沿运河形成了一条以苏南的苏、锡、常、镇，苏中的扬、淮，苏北的宿、徐为代表的城市带。镇江运河文化带呈现“带状发展、点状分布”的形态，其文物分布也表现出这样的特点。仅以大运河江苏段为例，沿线有10座国家历史文化名城、19座中国历史文化名镇、7座中国历史文化名村，149处全国重点文物保护单位，101项国家级非物质文化遗产①。其他诸如省市县级文物也有很多。元代时意大利威尼斯人马可·波罗曾到中国访问，他于1271年启程，沿丝绸之路来中国游历。回国后他在其口述的《马可·波罗游记》中记录了大量跟江苏运河有关的旅行路程。他乘船沿运河而下，途经现今江苏的徐州、宿迁、淮安、扬州、镇江等地②。恢宏宽阔的运河河面，两岸有着文化异常丰富的城市和小镇，似乎一草一木和一砖一瓦都蕴含着经典，都隐匿着丰富的物质生活。他的游记引起了强烈反响，打开了西方对那个遥远而富裕的中国的想象力。如今，中国大运河实至名归加入了世界文化遗产的行列，这会让世界上更多的人知道大运河，吸引更多的国际友人来到心中所向往的运河胜地，续写唯美的传记。

斗转星移，岁月沧桑，城市化经济日新月异的发展，海陆空各种交通网的遍布，使得大运河江苏段传输物资和经济交流的职能似乎已经很微弱了，它依然是江苏历史发展的缩影和江苏地域文化的载体及交通运输的重要组成部分。它从北至南穿过江苏省多个城市，使得南北文化不断得到交流、融合、积淀。大运河在千年的古老河道中川流不息，将江苏源远流长的历史文脉融为一体，即从北至南将江苏北部的楚汉文化和中部的淮扬文化及南部的吴越文化等呈带状融通起来，形成了北雄南秀、厚重包容、面貌丰富的大运河文化带，推动了南北经济和文化的交流。文化遗产包括了地域文化建筑设施、手工业、曲艺等多种类型，不仅有古代的水闸、堤坝、各种

① 梁留科，余汝艺，等. 隋唐大运河遗产的保护性开发［N］. 人民政协报，2018-9-7（12）.

② 柳邦坤，荣蓉. 中国大运河文化对外传播策略探析：以江苏为例［J］. 今传媒，2018，26（12）：19.

桥梁、临水的城门、拉纤小道、停船码头等运河水利工程方面的遗存，还有粮仓、地窖、古衙门、碑刻、古塔、历史文化街区等物质文化遗产。此外，还有金银器加工、玉器、漆器、剪纸、雕版印刷、蓝印花布、淮剧、扬剧、扬州评话、锡剧、传说等非物质文化遗产。运河文化遗产像一颗颗珍珠，以点入带，散落在运河沿岸。是运河水哺育了一方人民，也孕育了这些宝贵的、丰厚的文化遗产（见表1）。

表1 江苏运河段物质文化遗产与非物质文化遗产一览表

江苏运河段	物质文化遗产	非物质文化遗产
苏州	苏州园林、寒山寺、古城墙遗址、山塘街	苏绣、缂丝、真丝品、桃花坞年画、玉雕、宫扇、枫桥夜泊诗意、故事传说
无锡	太湖、七房桥明墓、宜兴古窑址、运河公园、惠山石泉	二泉映月及阿炳的故事、梁孟传说、惠山泥人、宜兴紫砂
常州	运河滨水、圩墩遗址、土墩墓遗址、锁桥湾、恒源畅厂旧址	乾元观道教音乐、乱针绣、留青竹刻、梳篦、掐丝珐琅画
镇江	京口闸遗址、英国领事馆旧址、西津渡街区、老火车站遗址	玻璃雕画、上党挑花、扬中竹编、天鹅绒织造、正则绣
扬州	邵伯船闸、隋炀帝萧后墓、古镇瓜洲古渡	扬州玉雕、剪纸、漆器髹饰、雕版印刷、通草花制作
淮安	漕运博物馆、总督漕运公署、大云山汉墓	洪泽湖地区风筝、撕纸画、博里农民画、虎头鞋、门缨、天钱、木雕壁挂、盱眙根雕、共和蒲草编织
宿迁	下草湾遗址、黄河故道、骆马湖、三庄汉墓群	洪泽湖渔鼓、天岗锣鼓、云渡桃雕、洋河酒传统酿造
徐州	广运仓遗址、窑湾古镇、阿湖镇遗存、乾隆行宫、楚王陵	香包、剪纸、虎头鞋、汉画像石、邳州狮子头、丰县糖人贡

（三）文旅融合下的镇江运河文创开发设计

旅游业和文化业往往是密不可分、相生相随的，具有天然的耦合性。体验经济近年来发展火热，旅游者为了得到旅游中的自身体验，往往注重对地域文化的深度探寻。以文促旅、文旅融合成为一种良性发展势头。以镇江运河为例，我们可以看到当前发展文旅融合文创产品的契机。镇江运河文化的文旅融合发展势态良好。据统计，2018 年江苏段大运河遗产河道、遗产点和主航道所在区县游客量达 81823.7 万人次，其中入境游客突破 400 万人次，镇江段大运河相关的旅游收入 13247.3 亿元①。这些都为文化创意产品的设计开发提供了条件，是大运河文化创意产业的重要组成部分。江苏运河遗产体量较大，从苏南到苏北，风土人情迥异，能给游客带来不同的体验。镇江是江南运河北端的第一城市，镇江运河线性文化遗产包含着方方面面的内容，形成了镇江运河地域文化的重要特征，为开发镇江运河文旅融合文创产品带来了勃勃生机。

镇江地方政府尽管已经开发了一些较为突出的建筑群落和小有名气的传统村落，但运河旅游资源还未充分利用，经济效益和社会影响不大。这是因为配套的旅游产品未能跟上，缺乏整体性保护、建设和规划设计，运河文化宣传尚不到位。整合镇江运河沿线林林总总的文化遗产资源，抓住多角度的开发契机，以文旅融合促进文旅融合文创产品的开发设计，实现价值双赢共创十分必要。首先，全力修整运河沿岸区域的各类文化遗产，如古码头、古桥梁、古驿站等，挖掘其中的人文故事，完善镇江运河旅游线路中人文景观的文化与艺术价值内涵。借鉴“活态博物馆”这一先进的模式，灵活应对，在不影响当地人日常生活的同时，对旅游线路中的物质文化遗产实行“修旧如旧”“文物修复”的做法，将原汁原味的建筑和自然景观等融为一体。形成充满生机的旅游场景，使游客从静态观看到动态参与，愿意购买文旅融合文创产品。其次，对镇江运河文化中的非物质文化遗产元素进行提炼，加快文旅融合文创产品的开发与营销，使镇江旅游文化产业链得到长效发展。设计师要根据文化遗产的特点进行相关元素的分析解构，将源文化分解、整合、重

① 姜师立．文旅融合打造大运河缤纷旅游带［N］．中国文化报，2019-6-1（7）．

组、转译，丰富文旅融合文创产品设计的品质、视觉符号和环境，提供出较好的商品外观和包装，让消费者在多层次的文化细节中去体验，然后根据自己的文化背景去选择。

总之，要把镇江运河文旅融合文创产品开发设计跟旅游线路紧密联系，以文化遗产为现有素材，深入发掘与运河文化相适应的创意元素，将抽象的文化概念转化为具象美感的实物，这种依附文化情感的产品最终传递出文化情结，使镇江运河文化遗产的价值得到体现，使运河沿线的文旅融合产品开发实现可持续良性发展。

（四）创新设计下镇江运河文旅融合文创产品的品牌传播

江苏运河沿线由于历史上形成的环境优势，使农副业等多种资源发展基础较好，沿线的城市、乡镇、村庄都有些地域性较强的代表性产品。如农副产品、非遗产品、特色小吃等，本身就历史悠久、底蕴浓厚，天然形成一种地域优势。但是，好酒也怕巷子深，地域资源的优势如果没有集群化、品牌化、专业化的长远规划发展，那么产品的地域特色也难以崭露头角，高附加值也无从获得。镇江运河周边的农产品开发依旧是零零散散、经营规模偏小、投入大收益低的状态。虽然有些产品有历史底蕴，但缺少深加工，包装不上档次，缺乏对品牌的塑造。所以，要深化以价值共创为目标的价值链运作，运河沿线的农产品开发要在运河整体文旅环境打造和整体策划的思路下，以一地一品的品牌塑造与传播战略，将特色小吃、农副产品、特色服饰、民俗产品、手工艺品都纳入文创设计的领域。当然，首先要提高产品品质，在此基础上提取当地文化符号感强烈的、形态明确的、易于实体化、视觉化的典型地域文化元素。在包装设计上进行整合、重组，创造一种更健康、更绿色的农产品印象，符合人们对崭新的田园生活的向往和情感体验，施以品牌开发策略，使文化随着产品传播出去，实现文旅融合文创产品的品牌传播。这需要长期的品牌建设和维护，以及消费者的持续关注，需要活态开发运河沿岸区域的旅游，为旅游商品形式找到一个有效的融合和传播运河文化的方法，使运河物质文化遗产和文旅融合文创产品实现有效融合价值。文化创意产业方兴未艾，不仅需要复杂的各领域的知识、先进的电子信息技术，还需要庞大的资本集合为一体。作为新型的第三产业，由于不断白热化的市场角逐已经由早期较为单一的形式转变为多元化集约型，产品设计和市场营销愈发火热，文旅融合文创产品的文化叙事性和消费者日益增强的文化消费融合呈现形式使得产品的价值共创突破了“产品”本身，随之而来要进行价值观念转型，做到把产品形式有效地融合到地域文化中，催生出品牌来，着眼于品牌传播上，打通镇江运河文化遗产和经济发展的界限，实现利润的最大化，镇江运河文化创意产业的知名度与品牌的价值才能进一步提升。

在运河沿岸地域产品包装的创新设计中，从包装材料到容器结构，要为产品注入新的生命力，拓宽设计思路，把握产品的创意心理，突破旧的思维，利用新的制作工艺，把重点放在理解和满足使用产品的消费者的需要上，强调运河遗产的文化内涵和产品的功能体验，让消费者在情感上被吸引甚至产生震撼，激发要分享和传递这种文化的愿望。通过把地域特色农产品进行创意改良，推陈出新，使产品克服存在的问题，趋于完善，这是一种纵向发展模式，建立在原有产品被受众认可的优良品质基础之上。还可以把镇江段运河沿岸同类产品进行联盟，整合标识和包装，达到创建新产品的目的，提高效益效率和品牌知名度，这是一种横向发展模式。对运河沿线各类资源创新改良的目的主要是解决原产品的弊端，有助于提升产品的附加值，扩大市场份额，延伸产业链，推进镇江运河文旅融合文创产品的品牌传播。

（五）“互联网+”时代镇江运河文旅融合文创产品的营销发展

互联网时代已经到来，更加丰富的网络链接着全新的领域，互联网所拓展出来的内涵与外延愈来愈让人叹为观止，从 Web1.0 顺利发展到 Web2.0，以及云计算和大数据的开发应用等，每一领域的创新对全球的社会经济都产生了深远的影响，涉及社会发展的不同角落。“互联网+”是互联网在新生的 Web2.0 背景下经过经济不断变革、重组与应用的产物，符合当今社会人人创业创新的社会发展观念，成功地带动了各行各业极大的变化。可以说，“互联网+”是一种巨大的社会创新发展能力，呈现出一种全新的经济运行模式。“互联网+”的“+”是跨越时空的无缝链接，是一种全方位的互联网移动模式，自其诞生起的重心理念就是超链接和零距离。其发展是全球性的，最终“互联网+”的兴起使得数字信息资源的重构和信息服务改头换面，当然“互联网+”更是颠覆了人们的传统营销思维。基于线性文化遗产保护下的大运河文旅融合文创产品设计开发和品牌传播越来越受到社会各界的关注，镇江运河的线性文化特征使沿岸区域的地域文化丰富多彩，但也为营销带来了一定的限制。以深化用户体验作为传播基点的文创设计，可以利用线性文化遗产保护模式将传统的文旅融合文创产品营销模式进行创新。这不仅是科技发展驱动下的文创设计营销模式创新，也是打造“镇江大运河”文化品牌、实现地域文化创意产业的价值共创的有力助推。

传统的文旅融合文创产品营销策划是发现和满足消费者的需求，而在信息化发展下的营销则要利用互联网技术创造新的需求，让消费者去主动接受。当前的文旅融合文创产品设计要融入数字技术，增加新的内涵，利用互联网时代发展中的各种数字媒体手段，使其具备网络文旅融合文创产品的功能与特征。数字技术使消费者可以在网络中实现互动和传播，有利于网络资源的共享性、资源来源的多样性和资源选择的自由性。同时，由于互联网信息流通的便捷性，网络文化产品及其提供企业的信息可以更详细曝光，对于消费者而言具有更高的透明度①。数字技术已经普及，越来越多的图、文、视频程序软件为大众所接受，而且使用方便快捷，二维、三维乃至多维的效果为用户带来了革命性的体验。

在当今互联网时代，社会呈现动态性、创造性、开放性特征，网络参与者面向全球且众生平等，网络中的文化产品具有多变性和

① 谢梅，王理．文化创意与策划［M］．北京：清华大学出版社，2015：161．

高流动性，网络文化资源的更新换代速度很快，只有不断创新才能赢得消费者的忠诚度。因此，设计师需要了解现行网络的发展和应用度，不仅在造型上创新，还要考虑材料和制造工艺上的创新，适应网络营销的发展和传播的方式。

另外，文旅融合文创产品设计不同于普通工业产品，是体验性经济下的一种重视情感体验的产品设计，文旅融合文创产品应能激发人们的某种情感体验，如审美体验、文化体验、情境性体验等。当消费者被激发出亲切感、效率感、新奇感、幽默感等情感时会主动购买，甚至会自觉地去传播，使产品获得收益。科技发展的成果可以用来增强产品的叙事性特点，利用交互性较强的平台使消费者突破时空界限，感受到产品的文化内涵，设计师也可以通过平台的反馈了解消费者的需求、习惯、行为，找出消费者的喜好和核心需求，去发现产品和消费者之间可能的交互点，从而合理定义产品和消费者的关系，选择最好的方案去定义和完善产品，将产品融入消费者的生活。“互联网+”模式的出现，被创新性地用到了文旅融合文创产品营销上，游戏、音乐、动漫等多元数字创意扩大了文旅融合文创产品的涉及领域，人们通过互联网去购买并传播运河文化，体验运河文化遗产的存在感，突破了文旅融合文创产品同质化的怪圈。设计师当然要设计出符合媒体时代特点的产品，打造出新的营销交互界面和产品服务模式。在营销手段方面可以把江苏运河的文化遗产与旅游资源结合起来，用 App、小程序、公众号等平台实现文化遗产的详细介绍，以文旅融合文创产品的图片、视频及 VR、AR 等形式，全方位广泛传播，讲述运河遗产文化故事，让人仿佛身临其境。同时，为用户提供订制个性化 DIY 创意、资讯查找、消费评价、旅游线路推荐、游记发布、网络社交、娱乐、服务等功能，把严肃的非遗文化通俗化、趣味化、角色化、故事化，制造轻松有趣的临场感，吸引受众，使文化遗产及文旅融合文创产品线上线下都得以传播性营销。因此，在以数字化、信息化、网络化为特征的电子文化的发展当下，江苏运河文旅融合文创产品构建的核心应该抓住这个价值共创的时机，设计出成功的产品与服务，建立文化品牌，创造与数字媒体技术发展相适应的营销平台，以期吸引游客眼球，实现文旅融合文创产品购买心理上的共享共知。

三、镇江段大运河文创设计的可持续发展途径

（一）政府职能部门的良性政策引导

江苏段大运河留下的大量文化遗产在百代兴衰后的今天值得被保护和传扬。近年来，中央政府颁布了一系列文旅融合文创产品相关政策①，非常有利于运河文旅融合文创产品的市场开辟。因此，具体到地方，需要政府在政策上给予倾斜，加大保护资金的投入力度，扩大宣传领域，全方位地进行突破。镇江运河文化遗产和文旅融合文创产品设计方面需要找到一个融合创新点，虽然在资源配置上可以得到一定的优势，但通常在前期调研策划、开发设计、批量

---

① 2009年8月，发布《文化部、国家旅游局关于促进文化与旅游结合发展的指导意见》，提出要深度开发文化旅游工艺品（纪念品）。2014年2月，国务院出台了一份关于文化创意产业的指导性文件《国务院关于推进文化创意和设计服务与相关产业融合发展的若干意见》。该《意见》在国家层面对文化创意的发展提出要求，推进文化创意和设计服务等新型、高端服务业发展，促进与实体经济深度融合，是培育国民经济新的增长点、提升国家文化软实力和产业竞争力的重大举措。2014年6月，发布《国务院关于促进旅游业改革发展的若干意见》，提出扩大旅游购物消费，实施中国旅游商品品牌建设工程，重视旅游纪念品创意设计，提升文化内涵和附加值，加强知识产权保护，培育体现地方特色的旅游商品品牌。同年8月，发布《文化部、财政部关于推动特色文化产业发展的指导意见》，鼓励各地发展工艺品、演艺娱乐、文化旅游、特色节庆、特色展览等特色文化产业。2016年12月，发布《国家“十三五”文化遗产保护与公共文化服务科技创新规划》，坚持“自主创新、重点跨越、支撑发展、引领未来”的指导方针，实施“1-2-6-4”战略，即“聚焦1个目标、贯穿2个全链条、设置6个任务板块、实现4个系统突破”。“聚焦1个目标”指聚焦以技术创新体系建设为核心、以组织创新体系为支撑、以制度创新体系为保障的文化遗产保护与公共文化服务创新体系建设，促进整体创新能力的提升。“贯穿2个全链条”指从文化遗产保护与公共文化服务的业务链和科学研究的创新链等2个维度进行全链条交叉设计。“6个任务板块”指基础研究、价值认知、保护修复、传承利用、公共文化服务、人才基地和科研平台。“实现4个系统突破”指理论、技术、装备、标准的系统性突破。2017年2月，国家文物局发布《国家文物事业发展十三五规划》，旨在打造一批具有示范带动作用的文化创意产品开发项目和优秀企业，不断推出的新政策、新法规体现了国家要发展文创产业的决心。

生产和经营管理等方面缺乏成熟完善的机制，那么作为政府要及时转型，下属各机构要做好产业规划与保护策略。文旅融合文创产品最终是工业方式的大批量生产，要由设计公司和生产企业及营销部门共同合作，打通文化与经济的界限，让消费者认可这种消费性的文旅融合文创产品，去购买并通过各种渠道分享出去，也在无形中完成了文化传播，促进文旅融合文创产品价值共创的可持续发展。具体建议如下：

首先，地方政府职能部门要充分学习并了解文创产业及相关产品的价值属性，认识文创产业的经济增长特点和价值增值对地方经济的推动，推行有利于文创产业良性运转的地方性政策，可以使当地文化遗产最大化得到文创价值的开发；其次，把握镇江运河文化遗产资源蕴含的文化符号，厘清文旅融合文创产品的设计开发路径，做长远的品牌塑造与传播策划，将发展规划的时间节点和任务目标公布出来，做到有的放矢；最后，要注意对文创产业知识产权的保护，及时为文旅融合文创产品申报专利，以期得到文旅融合文创产品独创性，避免被抄袭，这样政府才能与文创产业实现价值共创共赢。

（二）文旅融合文创产品市场营销的有效运作

文创设计在各地兴起，文创产业化运作已经取得一定成效，是实现运河物质文化遗产可持续发展的催化剂，带动了当地经济的发展。文创设计产品开发和物质文化遗产的文旅融合文创产品市场价值共创应该面向国内外广大市场，例如旅游纪念品、博物馆创意纪念品等有效的市场运作，只有推向市场的有效营销才能使文化创意产品得到健康优化和持续性发展。创意转化为产品需要政府鼓励和扶持，更需要市场营销的有效运作。文创设计的设计师和产品生产者要对运河沿线的城市物质文化遗产资源进行历史文化上的溯源，对市场营销的需求进行具体调研，详细分析历史、文化、艺术和产品之间的关联，掌握产品设计的文化内涵、产品材料、制造技艺等，实现文旅融合文创产品附加值的迅速增值。此外，文创生产企业还是文化艺术的传播者和营销者，网络购物成为风行世界的方式，文旅融合文创产品也要与时俱进，需要通过增加网络营销、创新直销等营销方式，扩大销售并加强构建品牌可变式战略。在文旅融合文创产品龙头品牌项目的虹吸效应下，把运河沿线城镇的各种文化、历史、艺术等资源充分调动起来，使镇江运河的优势地域文化资源进一步发展成为镇江代表性文化名牌文旅融合文创产品，最终达到推动经济发展的目标，通过“文化搭台”和“文创唱戏”，实现经济水平的快速提升。

（三）社会各界的积极参与

由于运河流经江苏的区域线路较长，沿线城市较多，可以发挥优势发动各市、县、区、镇的社会力量，积极参与运河文化的保护、传承与宣传，把保护运河文化遗产作为一项群众勇于参与践行的公益活动，激发人民的参与意识和责任感。首先可以将运河文化知识以各种形式进行宣传，从镇江运河沿岸的居民到各企事业单位人员，全面学习文化遗产知识，在小学、中学、大学中开展镇江运河遗产文化相关知识竞赛，面向各艺术院校举办运河文旅融合文创产品设计大赛，借助“互联网+”大学生创业大赛平台，让莘莘学子加入运河文创设计的队伍中来。然后把握时机向社会各界发出邀请，这样在扩大镇江运河文旅融合文创产品声势的同时，无疑也为镇江运河文旅做了一次成功的广告。当然，镇江的广告、传媒、文创产业等企业更是要走在前面，用高新材料和技术把运河文旅融合文创产品率先开发设计出来。同时，还要借鉴全国其他运河地市开发大运河的宝贵经验，本着“美美与共”的思想来共同探寻一条既能承担有效保护开发大运河文化遗产又能传承和宣扬镇江大运河文化的文旅融合文创产品开发之路。所以我们要吸引各方面力量进行价值共创，以期文化遗产和文旅融合文创产品的良好生态趋向。文化创意产品更为多元立体的价值体系决定了其价值创造的过程必须由多方协同合作，完成价值的形成、固化和提升。总之，镇江运河文创设计应该积极调动各方面力量，从政府政策支持到企业的技术生产，从普通民众的热情参与到设计师的创新设计，还要兼顾游客和购买者的消费水平与需求的差异化及营销手段、营销模式的层次化，建构一个科学发展的、全社会积极参与的镇江运河文化遗产文旅融合文创产品开发平台。

四、结语

镇江的运河文化中蕴含着深厚的物质和非物质文化遗产资源，日月交替、斗转星移，古老的镇江大地上演绎着运河的兴衰和运河人的喜怒哀乐，无论是社会生活还是文化形态，都与这千年流淌的运河息息相关。在当今时代，镇江运河文化也需要以新的面貌呈现在世界文化中。目前我们面临着许多要做的事情，需要将镇江运河文化的基因进行梳理，将各种镇江运河文化遗产进行分类调研，多角度、立体化地去思索文化遗产的创新呈现，创造和开发群众喜闻乐见的文化产品，通过买与卖实现商品的附加值，并且注重研究高附加值和经济共创价值体系的科学规律，从中找到适合镇江运河文旅融合文创产品开发与传播的路径。实践表明，古老的地域文化需要现代设计的转译，需要注入新的活力，这样文化遗产才能被一代代传扬下去。当下，世界发展的趋势是全球化，但需要“和而不同”的文化传承来保护文化的多样性，因此保留本民族留下来的文化遗产刻不容缓。

文旅融合文创产品作为镇江地域文化的重要载体，其开发设计应该抓住镇江地域的精神内核，找出中国大运河的共性与镇江运河的个性。从体验经济的角度研究发现，消费者在购买文旅融合文创产品时，从某种意义上来说并不仅仅是购买一种使用价值，更多的是购买物质享受之外的文化审美追求，而现在一些文旅融合文创产品市场上有的是手工艺品，也有的是民俗非遗用品，同质化严重，难以传承和维系文化性和艺术性，缺乏新的创意，不能适应时代潮流，与当下新的生活方式严重脱节。因此，我们要全方位地发掘现代文化创意产品的多种价值属性，加大其多个消费层次的价值附加值，应对镇江运河相关的神话传说、纹样、文物、民俗、音乐、戏曲等代表性文化进行提取，用现代设计语言将传统文化的特性具象化、实体化和符号化，让技术进步、材料创新成就我们的镇江运河经典文旅融合文创产品，让消费者买到满意的文旅融合文创产品，再经过分享、传播，形成文化时尚、文化热点和文化潮流，这些潮流进入主流机构和政府视野会得到更广泛的支持而使文旅融合文创产品良性循环发展。

总之，镇江运河文化文旅融合文创产品的开发设计和品牌传播，一方面能推广和传播地域文化的独特性，推动物质和非物质文化遗产保护，另一方面还能通过文化的推介给当地经济发展带来潜在的可能性。镇江段大运河文化带的文旅融合文创产品的设计开发，可以最大程度地提供镇江文化的特色艺术产品，有效配置镇江的文化旅游资源，促进镇江经济文化的发展。最后，让我们把世世代代流传下来的“文化遗产”和现代科技引领下的“创意产品”完美融合，使历史留给我们的镇江运河文化宝藏展现出新时代的巨大魅力。

基于大运河镇江段文化体验的博物馆儿童互动产品设计研究

胡欣怡　王　辰　沙春发*

一、研究背景

（一）选题缘由

2014 年 6 月，中国大运河成功被列入《世界遗产名录》，运河文化的传承保护迎来了新的历史机遇。镇江作为江南运河北端重要的节点城市，拥有宝贵的大运河文化遗产。大运河镇江段始凿于秦，迄今已两千多年，在这漫长的历史发展过程中，运河沿线浸育出了丰富的文化遗产。而作为保护这些物质遗产和精神文化财富的重要机构——博物馆，也承担起了向公众传播教育的社会职责。大运河文化热促成了运河沿线多家主题博物馆的蓬勃发展，全国目前开放的大运河相关主题博物馆有 8 座，展示馆 1 座。镇江当前仅有 1 处 2008 年设立的位于现京口闸的古运河历史文化展示室，以图文展板的形式，介绍了古运河的概况和近现代古运河的整治过程。

2020 年 10 月，教育部、国家文物局联合印发《关于利用博物馆资源开展中小学教育教学的意见》（以下简称《意见》），《意见》

* 胡欣怡，江苏大学京江学院讲师，研究领域：信息可视化方法、交互体验评价、交互新产品开发等；王辰，江苏大学京江学院讲师，研究领域：城市文化形象视觉识别系统；沙春发，江苏大学副教授，研究领域：消费者认知及偏好等。

强调“要精心设计博物馆教育内容……要求创新博物馆学习方式，以促进学生学习为中心，增强博物馆学习的趣味性、互动性和体验性”①。直接设立儿童博物馆或在传统博物馆中开设儿童专区、开展儿童科教项目，已经成为博物馆发展的趋势之一，与其相对应的产品设计、交互设计、服务设计、教育形式需要依据儿童的认知特点做出改变。

（二）研究现状

本文研究内容跨越多个学科领域，并在中国知网以“博物馆”“儿童”“互动体验”、逻辑关系为“与”、检索字段为“主题”进行关键词模糊检索，共检索出文献78篇；以“儿童”“认知”为主题词，限定关键词“博物馆”进行检索，共检出47篇；以“运河文化”“镇江”为主题词进行检索，共检索出33篇。进行整合后一共检索出论文158篇，结合历届大运河文化建设学术研讨会的相关主题，笔者选取出与本文研究关联较大的三个方面进行研究：

第一，目前学界对博物馆交互体验的关注度较高，专著研究丰富，在我国高速发展的社会背景下，人们对博物馆的参观体验有了更高要求，不仅仅满足于单纯看见展品，更期待“看”的过程是否有趣，是否能在学习知识的同时兼具愉悦感。要合理规划人与博物馆之间的互动关系，更好传递博物馆文化，发挥博物馆的教育功能。

第二，针对儿童群体在博物馆中的交互设计研究，国内目前还处于初级阶段，研究成果主要以学术论文为主，多学科的相互渗透并不深入，需要借由艺术设计学、传播学、认知心理学等多学科方法，才能得出相对完整、全面、可行的研究成果。儿童处于认知水平的发展期，导致其参观需求与成人存在较大的差异。现实情况中博物馆大量专业术语堆砌的介绍词，显然不在儿童的认知范围内，

---

① 中华人民共和国教育部. 教育部、国家文物局联合印发关于利用博物馆资源开展中小学教育教学的意见[EB/OL].(2020.10.20)[2022.03.19]. http://www.moe.gov.cn/jyb_xwfb/gzdt_gzdt/s5987/202010/t20201020_495770.html.

以至无法抓住孩子的心，而有趣合理、契合儿童认知的交互设计正是打破儿童与博物馆之间屏障的关键。

第三，关于镇江运河文化的相关产品设计研究在学术及实际应用成果方面都十分薄弱，因此，本文是对大运河文化带建设的有益补充，是对习近平总书记关于大运河重要批示精神的贯彻落实，也是高质量发展阶段下地方文化建设的新趋势。镇江是中国较早开凿运河的地区之一，运河文化历史悠久，长江与运河在此交汇，南方与北方文化在此交融，造就了诸多文化财富，极具研究价值。

总的来说，目前国内对博物馆儿童交互产品设计的研究还没有形成完整的体系，本文认为，以大运河镇江段文化传承为目标有很大的研究空间。欧美国家学者对博物馆特殊参观群体的关注早于国内，相对于国内的研究主要停留在宏观上的“该做什么”，国外成果中“该如何做”的研究、实践成果可以为本文参考，博物馆儿童群体的体验需求与博物馆文化教育要求之间的深度融合还亟待研究，同时大运河镇江段的文化输出渠道也有待拓宽。

（三）研究意义

基于大运河镇江段文化体验的博物馆儿童互动产品设计研究具有如下四点理论价值和实践意义。

第一，有利于大运河镇江段文化的传播、传承，增加镇江大运河文化的受众群体、扩大影响力。第二，为儿童提供更好的学习环境，改善儿童在博物馆内的参观体验感受，实现寓教于乐，增加儿童的地域认同感、归属感。第三，对于博物馆儿童交互类产品的设计开发有一定的现实意义。第四，推动博物馆担负起社会教育的重要职责，为运河沿线博物馆的儿童教育发展提供助力。

本文主要采用文献调研、多学科交叉研究和田野调查等方法展开。

二、儿童认知心理学与博物馆交互设计

心理学家认为，儿童思维的发展是分阶段进行的，发展的阶段

不能逆转，不可逾越，每个阶段既是前一个阶段的延续，也是后一个阶段的前提。本研究列取了皮亚杰（Piaget）、蒙台梭利（Montessori）的儿童心理学相关研究，为博物馆儿童认知行为逻辑提供理论依据。

皮亚杰的认知发展理论被公认为20世纪发展心理学方面最权威的理论。他认为儿童的认知发展既是连续的，又是分阶段的，每个阶段都大致地对应一定的年龄范围，并以行为的质变为特征，他将儿童认知发展划分为四个主要阶段，如表1。

表1　皮亚杰儿童认知发展的四阶段①

0~2岁	感觉运动阶段
2~7岁	前运算阶段
7~11岁	具体运算阶段
11~15岁	形式运算阶段

蒙台梭利提出了儿童心理发展阶段中的敏感期概念。她认为，敏感期是一个发展的机会之窗，在这个机会之窗中，孩子可以比他们生命中任何时候更容易、更自然地学习特定的概念；处于敏感期的孩子会对某些活动或课程表现出特别强烈的兴趣或倾向，而教育者需要为儿童量身定做专属的学习成长环境。

由于儿童正处于快速生长发育阶段，体力、语言能力、思维能力、心智发展会在不同阶段呈现出鲜明特质。某些成年人习以为常的观展方式，可能并不适合儿童。比如在历史类博物馆当中，常以时间为脉络集中展示陈列某一类文物，有知识背景的参观者可以在宏观历史下看到这一器物发展变化的完整性，观赏器物之美，因为真实的文物具有极强的说服力。但从儿童的视角来看，

① 朱智贤，林崇德. 思维发展心理学［M］. 北京：北京师范大学出版社，1986：73-74.

由于没有相关经验、知识、记忆与这些陈展线相关联，除了单纯的视觉感受，这些展品与历史等其他要素是割裂的，无法在儿童与展品之间产生更多的认知交流碰撞，也就无法激发儿童的学习兴趣。所以针对儿童的博物馆交互设计应当遵循儿童智力认知发育的所处时期，超阶段拔苗助长式的教育不利于儿童智力开发，应当给予儿童在适当阶段内所需的互动环境，助力其各个阶段的认知发展。卡内基·梅隆大学设计学院前院长理查德·布坎南（Richard Buchanan）教授曾指出，交互设计是“通过产品（实体的、虚拟的、服务，甚至是系统）的媒介作用来创造和支持人的行为”①。通过交互设计建立环境中人与物、人与人、人与产品设备之间的连接，改良交互设计，设计符合用户自己的行为逻辑的产品，可以给用户带来博物馆参观的愉悦体验，也是提高博物馆文化传播率的重要路径。

三、运河沿线博物馆儿童交互体验现状分析

京杭大运河流经浙江、江苏、山东、河北四省及天津、北京两市，沿线博物馆资源众多，但目前大多数博物馆由于在建立之初并未规划儿童项目的实体产品，也受限于场馆面积和经费等条件，在实际场馆内针对儿童提供的互动体验项目并不多。于 2021 年 6 月开馆的扬州中国大运河博物馆在馆内有两处专门为儿童打造的展项，分别为专题展中的“运河湿地寻趣”和数字化沉浸体验展中的“大明都水监之运河迷踪”，是目前为数不多的运河主题馆内儿童互动项目示范。

“运河湿地寻趣”展示了运河沿岸的自然生态景观，该展馆在题材上并没有选择传播运河文物知识，而是定位在了儿童易于接受喜爱的动物、植物，除了常规的展板标本，还再现了湿地生态环境的

① 辛向阳. 混沌中浮现的交互设计［J］. 设计，2011（2）：45-47.

活态微缩场景，小朋友可以走进湿地真实、直观地感受运河生态环境。

“大明都水监之运河迷踪”是互动游戏体验项目，年龄定位在10~15岁，设计风格为古风动漫，游戏以历史故事为依据创作了半虚构的剧本《监水司》，在展厅中观众化身明代监水使者，选择航行路线，正确驾驶漕船，运用河工工具过闸、翻坝，破解水路沿途驿站、钞关、仓廪中的团团疑云，最终护送鲁王沿运河返京。观众可以在展厅门口领取一份“卷宗”，按照提示依次打卡，解密通关，解谜式的游戏，配合特定的场景搭建，沉浸式的体验将观众带入虚拟的历史故事中。在完成任务的同时，观众了解了大运河的诞生、通航，运河沿岸的衙署、运河清淤的方法，运河上的职业、运河上输送的物产等一系列的知识。该体验方式是时下流行的“密室逃脱”“角色扮演”等游戏方式与博物馆文化传播的一次有益结合，让儿童以喜闻乐见的体验方式探索大运河中的故事，领略大运河沿岸风物的美好。

但相较于扬州中国大运河博物馆两处儿童展项的高评价，杭州工艺美术博物馆在2021年6月22日以临展的形式开展的“趣玩大运河”青少年教育体验展，呈现效果并不理想。笔者分析主要有两点影响儿童体验：

一是虽有分众，但互动体验项目与该群体儿童需求有偏差。该展览命名为“‘趣玩大运河’青少年教育体验展”，青少年的年龄范围虽然并没有精确界定，但通常都是以性发育为标志，青春期发育具有性别差异，在我国女孩平均发育年龄在9~11岁，男孩在11~13岁。世界卫生组织（WHO）关于青少年的定义是在10~19岁的人。这个阶段是儿童向成人角色转变的过渡时期，处于身心加速发展的第二高峰期，也是认知发展的迅速上升时期。在认知发展上介于皮亚杰提出的具体运算阶段到形式运算阶段，这个时期的儿童已经开始“能够运用假设—演绎推理的手段解决问题”①。“抽象逻辑思维虽然开始占优势，可是在很大程度上还属于经验型，他们的逻辑思维需要感性经验的直接支持”②。所以在这个抽象逻辑思维发展的关键期，作为博物馆应该为儿童提供与其认知水平相符合的交互环境。如上文提到的扬州中国大运河博物馆的“大明都水监之运河迷踪”，这一解谜通关类型的游戏体验项目年龄定位在10~15岁的儿童，便很好地考虑到了这一时期儿童的认知特点。而“趣玩大运河”青少年教育体验展从体验项目来看大多偏向低龄儿童，不足以引起青少年深入探索的兴趣。

二是场景还原度不够、整体环境氛围打造不到位的问题。图1为展厅中模拟考古挖掘“柳孜运河遗址”的场景，图2为美国印第安纳波利斯儿童博物馆（The Children's Museum of Indianapolis，1925年落成，是世界上最大的儿童博物馆，展馆面积超过3.7万平方米，场馆主题涉及物理、自然科学、历史、世界文化和艺术等多个方面，拥有超过11万件藏品）“秦兵马俑——皇帝的彩绘军”考古模拟现场，同为向儿童提供的考古挖掘现场，“柳孜运河遗址”考古挖掘项目提供的情境未能使儿童与身处的展示环境形成行为和情感上的共鸣。

图1 “柳孜运河遗址”考古挖掘模拟现场

① 马芳，王聿泼. 教育心理学［M］. 2版. 南京：南京大学出版社，2018：20.

② 朱智贤，林崇德. 思维发展心理学［M］. 北京：北京师范大学出版社，1986：479-480.

图 2　“秦兵马俑——皇帝的彩绘军”考古挖掘模拟现场

除了以上的实际展厅项目，运河沿线大多数博物馆针对儿童提供的互动体验项目体现在定期或不定期的线上线下教育课程上，比如中国大运河博物馆面向 3~6 年级学生开办的运河好奇实验室、运河文化系列课程等；宁波博物馆的儿童体验区开展的青少年探索体验活动，如文物修复、织锦纹蓝晒等，这一部分针对儿童的课程多以手工活动为主。在儿童教育课程方面，很多博物馆都已经做出了积极尝试，但同时也存在一些内容定位不清的问题，如中国大运河博物馆推出的经典动漫立体绘本制作微课堂，手工活动确实符合儿童认知发展需求，但绘本本身的内容脱离主馆大运河主题，并不能有效搭建起儿童感知大运河精神的桥梁。另外，由于很多课程内容没有利用博物馆资源，也导致其可复制性、可替代性强，不能持续发展。

在网页信息呈现上，绝大多数博物馆并未提供针对儿童参观的有效说明引导，少数具有儿童板块信息的，如沧州博物馆、宁波博物馆，也都已经停止更新，形同虚设。其根本原因在于博物馆并没有真正以儿童用户为中心，未能提供其真正所需，网站浮于表面的卡通装饰，在利用卡通形象吸引儿童用户的注意力后，并没有再提供能引起儿童持续阅读兴趣的信息做支撑，而是照搬常规网页的信息架构，内容形式化。

四、儿童观众参观博物馆前、中、后三阶段的体验需求分析

复旦大学博物馆馆长郑奕曾在《〈博物馆教育活动研究〉：博物馆规划与实施教育活动的宝典》中提出“观众参观博物馆前、中、后三阶段教育活动及其一体化规划和实施”① 的理念，指出：“长期以来，我国博物馆界重视并且只重视来馆参观的‘实际观众’，在教育活动的开展上，也只关注观众的实地参观阶段。反观博物馆事业发达国家，各博物馆不仅聚焦实际参观者，还注重吸引目标观众，鼓励潜在观众和虚拟观众前来。”② 笔者将从儿童观众参观博物馆前、中、后三阶段挖掘痛点，探索用户的需求点。

（一）参观博物馆前——家庭用户及儿童本身对博物馆信息获取的需求

儿童参观者在参观博物馆时通常会有家长老师陪同，特别是在10岁前，也就是学龄前或小学低年级的儿童，这一部分的儿童观众是否会来博物馆参观，很大程度上取决于家长对博物馆信息的了解程度，与文艺青年一个人说走就走的旅行不同，带较小年龄孩子的家庭需要在参观前了解博物馆的相关情况，比如博物馆提供的环境是否适合孩子、参观过程对家庭参观者来说是否友好等，那通过何种途径获取信息呢？

以新开馆的中国大运河博物馆为例，开馆时并无官方网页，仅有一个官方微信平台，微信公众号中提供订票预约及相关展馆的文字介绍，内容比较笼统，并没有涉及儿童参观时可能遇到的一些问题介绍。当潜在观众在官方网站查不到信息时，便会求助于其他社

① 郑奕.《博物馆教育活动研究》：博物馆规划与实施教育活动的宝典 [J]. 科学教育与博物馆，2015（1）：242.

② 郑奕.《博物馆教育活动研究》：博物馆规划与实施教育活动的宝典 [J]. 科学教育与博物馆，2015（1）：243.

交平台，比如在大众点评“问大家”中有关于中国大运河博物馆的问题共 63 条，其中有关于儿童参观博物馆的问题有 8 条，占比 12.7%；274 条评价中也有 37 条有关于孩子，占比 13.5%。但由于问题和答案都来自网友，会出现许多重复的及问题得不到正确解答的现象，这时就很容易造成信息传播的误差。博物馆的官方平台是观众走进博物馆前的第一个接触点，当观众在与界面的交互过程中不能找到所需信息时，很有可能会因为种种不能解答的问题而放弃进馆参观，同时也会影响观众对博物馆的第一印象，导致博物馆潜在观众流失。对比美国印第安纳波利斯儿童博物馆 PLAYSCAPE 展厅的网页内容架构（图 3）可见，其除了常规的展览内容介绍，网页中还宣传了提供给家庭观众的便利服务及展厅中特殊气味的提醒。在宣传画面的选择上，并不聚焦于展品本身，而是展示了儿童与家长的神态动作，渲染该展览对家庭儿童友好轻松的氛围，吸引家庭观众前来。对于一些展厅较大、路线相对复杂的展厅，网页中提供了在线导览，有辅助测量距离的功能，帮助家长提前估算时间，合理规划家庭游览路线。

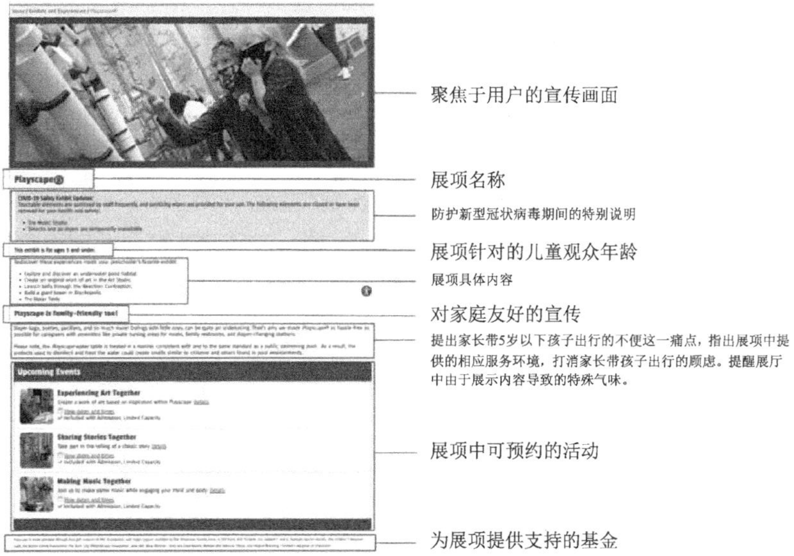

图 3　PLAYSCAPE 展厅的网页内容架构

博物馆应该在官方网站网页中提供家庭参观指导手册引导家长帮助孩子在进入博物馆之前就在新旧知识之间建立联系，在参观指导手册中为家长提供一些简单易操作的方式方法，例如让展项中的寻宝游戏与家中的“寻宝”进行链接，在家中给儿童提供地图和一些线索来寻找物品。因为儿童的观察力与其对材料的熟悉度成正比，当所观察的对象是儿童生活中熟悉的、接触过的、经历过的，儿童会表现出较高的观察水平，同时也容易理解，通过简单可行的家庭亲子互动，寓教于乐为进馆参观做好前期铺垫。以上是针对低龄儿童参观前家庭用户网页中的服务信息。

随着儿童认知的发展，其分析综合能力越来越高，逐渐进入皮亚杰所说的具体运算阶段，此时儿童的元认知逐渐形成，小学低年级儿童可以在直接观察事物的条件下进行分析综合，小学高年级儿童已能在表象和概念的基础上进行更高水平的分析综合，此时博物馆的信息传播不需要通过家长便可以直接传递给儿童。以故宫博物院的少年版网页为例，首先在网页内容的搭建上，从儿童所需出发，语言表达上生动活泼，网页中的图形均采用卡通形式，色彩丰富 、图文并茂。

在首页有卡通人物的故宫讲解，见图 4，讲解的形象并不是通过我们现实生活中常见的讲解员传达出来，而是选择了更具有故事性、互动性的方式：在《紫禁城建筑的秘密》中是以两个典型的儿童游客小雅与小玄为主角，展现他们在故宫中一天的游览，游览中小雅与小玄以聊天问答的形式，极大地拉近了与儿童观众的距离；在《大臣成长记》中是以历史中真实存在的清朝乾隆时期的大臣徐兴为主角，展现他在故宫中一生的足迹，从科举考试到保和殿参加殿试，在太和殿前金榜题名，到武英殿当翰林院编修，去文华殿做内阁侍读学士，升任礼部尚书后参加坤宁宫的萨满教祭祀。两个故事中都穿插了一些互动问题，儿童需要选中正确答案，故事才能继续，比如“太和殿屋脊的脊兽顺序都乱了，把它们排列好”“徐兴中榜应该从哪个门出宫”等问题，将知识点融入讲解的过程中。动漫导览每一段视频时间平均为10分钟，并且每隔一段便抛出一个互动问题或小游戏，培养训练儿童集中注意力的能力。除了讲解中的线路，还在“我要逛故宫”版块中以图片的形式提供了两类参观推荐路线，一类为赏花，一类为紫禁城瑞兽，以多种形式向儿童传递逛故宫的方式，以吸引儿童观众前去游玩。

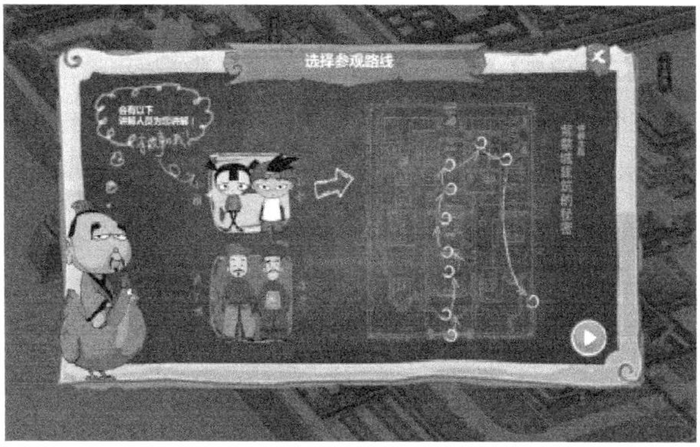

图4　故宫博物院青少网站互动动画参观路线

（二）参观博物馆中——儿童多层次体验的需求

传统的博物馆展览重视文物和史料的展示，这些珍贵的文物通常会放在玻璃展柜中，一些或宏伟或精美的展品本身会给观众带来视觉上的刺激，但文物的视觉吸引力强弱与观众的生活经验紧密相连，人会对熟悉的视觉信息有敏锐的感受力，比如具有人物、动物造型的器物通常容易吸引儿童的视线。但当视觉力不足以维系儿童与展品间的黏度时，儿童便很难再有兴趣观察下去，更不要说去阅读展板上提供的文字了。除了在玻璃柜中展示的文物，我们还常见一些裸展的文物，这类裸展文物通常会被加上围栏或是放着“禁止触摸”的标牌。博物馆参观是儿童学习参观礼仪的好机会，蒙台梭利指出，儿童会有心理发展的敏感期，如果能利用好这些敏感期，可以帮助儿童更好地学习认知这个世界。比如4~5岁儿童进入社会秩序敏感期，便可以利用这个敏感期培养儿童规则感、树立规则意识。但如果环境中充斥着不能、不可以、不要等类似的否定词且并没有向儿童表明他们能做什么，那么儿童便不能很好地理解社会秩序，甚至会使儿童产生不安全感、挫败感，使其变得胆小、怕事，阻碍其对世界的自由探索。儿童天性好奇，会像科学家一样通过各种可能的方法感知世界，而博物馆展品往往拒人于千里之外、难以靠近，加之一些还没有理解规则的儿童在参观时没有正确的教导，常常会受好奇心的驱使，为了更加靠近展品一些，对其他参观者甚至展品造成伤害，被贴上没有教养的标签。如何在博物馆中营造一个儿童友好型成长环境，帮助儿童平稳度过敏感期，让其拥有更完善的成长空间，需要从儿童的需求特点出发，可以从以下几方面考虑。

1. 利用导视系统

导视系统是参观者到达博物馆实体环境中的第一个接触点，也是在实际参观过程中会不断接触的体验点。导视系统的覆盖面非常广，它为参观者提供指引、说明及警示的信息，好的导视系统可以在提供可靠信息的同时给观众宾至如归的感觉，提升博物馆的文化内涵、品牌形象。儿童导视系统的视觉符号设计要符合儿童感知、便于儿童观察，儿童的感知觉发展迅速，对色彩非常敏感，丰富的色彩可以调节博物馆中严肃庄重的气氛。在视觉形象上，儿童对于具有独特造型、夸张动作的形象会格外有新鲜感。

图 5 为上海玻璃博物馆中的儿童博物馆，其吉祥物是分别名为玻玻和璃璃的两个小火苗形象，吉祥物的形象被衍生融合在参观的各个环节中。从常规的指示牌、展品说明、导览手册，到展厅各处的墙、地面，再到现场活动，吉祥物作为陪伴儿童探索冒险的伙伴贯穿始终，用完整的视觉传达体系加深印象，以达到沉浸式的体验感。

图 5　上海儿童玻璃博物馆导视系统

2. 利用可接触的文物仿制品

展品是否为真品在儿童眼中并不特别重要，儿童不会按照成人世界的价值标准来评判一件东西，更多会按照自己的兴致来评判一件东西，在体验展品时是否能有愉悦的感受更为重要。图 6 以中国科学技术馆中华夏之光的科学探索为例，为了讲解唐宋著名的倒灌壶、公道杯的物理学原理，给儿童更直观的体验，这里并没有放置真品，而是以复制品代替真品，并且结合器具剖面展示，儿童可以自主动手接水、观察，满足儿童的好奇心和对文物亲密接触的需要。

图 6　中国科学技术馆倒灌壶、公道杯体验

3. 将文物融入场景

以台北故宫博物院“儿童学艺中心”皇帝的书屋为例，这是专门针对 5 岁以上儿童打造的空间，将单件展品还原到环境中，采用卡通风格与实物结合的方式营造皇帝的书房环境，儿童不但可以触摸到文物，还可以走进文物本体所在的场景中，更好地感受展品信息，通过卡通人物形象展现了皇帝也是文具迷的一面，增进与儿童的亲近感。在书桌上放置了文物复制品以供儿童触摸感受，同时镂空的一部分桌面通过玻璃展示在桌肚中放置的真品文物，玻璃上留有给儿童触摸文物的孔洞，玻璃上的引导语为："请温柔对待文物，轻轻触摸，感受一下！"在保护文物的同时，通过柔性的引导与规劝，教育儿童在遵循规则的前提下去观看、去触摸、去体验，有所为有所不为，使儿童在参观过程中自然地理解规则、接受规则。

4. 通过数字技术活化展品

对于一些不便搭建真实场景环境的文物，可以采用数字化方式的展示，结合声、光、电技术活化，将一些已经远离我们生活时代的展品融入数字化的故事场景，激发儿童的想象力。例如通过数字技术与《富春山居图》画中人互动对话，让文物拟人化讲述自己的故事。

5. 使用安全可靠的产品

产品的尺寸比例上，展厅内相关产品的长、宽、高要适合儿童的人体尺寸，可辅助脚踏等帮助儿童更好地使用展品。产品形态上，儿童的注意力容易集中在某一点而忽略周围环境，较容易发生磕碰，展厅的外观形态宜选取曲面。产品体量上，体积不能过小，防止年龄较小的儿童吞食；质量不宜过重，避免儿童操作不当砸伤自己。材质上宜选择塑料、橡胶、轻质木材、石膏一类，确保无毒无害、经济耐用。例如在美国印第安纳波利斯儿童博物馆"秦兵马俑——皇帝的彩绘军"的互动游戏中，儿童可以将破碎的兵马俑塑像拼在一起，游戏保留了秦俑原始尺寸，在材质上选择了较轻的塑料，让儿童有能力进行搭建。

6. 游戏化观展体验

游戏对于儿童来说是与生俱来的能力，也是高效的学习途径。爱因斯坦也曾说："游戏是最高形式的研究。"在游戏的过程中，儿童能充分调动自己的各种感官，通过合作、参与的方式愉快地游戏，大脑中的神经元细胞能得到充分的刺激。通过这种简单、自然的方式，儿童的认知能力、社交能力、沟通能力、情绪管理、抗挫能力等都能得到提升。博物馆中可行的两类游戏为：A. 模仿扮演类。可以为儿童创设施展他们模仿能力的舞台，帮助儿童换位思考，克服自我中心的习惯，增加儿童的社会经验，增强他们的交往能力、语言表达能力，同时帮助儿童理解角色背后的故事。B. 闯关打卡类。图 7 为上海儿童玻璃博物馆的游戏任务手册，儿童需要在展厅找到 26 件带有字母的玻璃制品，并且在匹配的字母上涂色。通过增加游戏任务的复杂性来适应不同年龄层儿童的需要，用合理的游戏机制，让儿童投入学习场景，在玩中学。

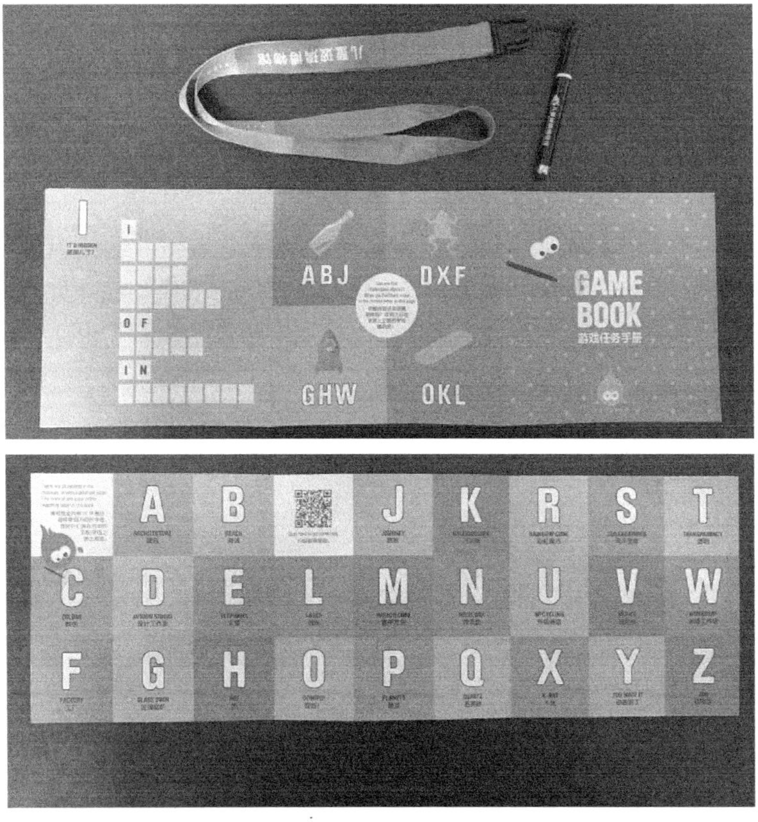

图 7　上海儿童玻璃博物馆的游戏任务手册

7. *采用童真童稚的语言方式*

文物展品描述一般包含名称、时代、质地、来源、用途、器形、重量、制作工艺、艺术特点、收藏单位等，讲究凝练、精准、全面。对于有背景知识的参观者来说，或许可以依靠自己的知识体系将展品信息串联起来，有所收获。但对于没有充分知识经验的儿童用户来说，学究味十足的描述文字，无疑会使孩子感到无趣。当儿童带着好奇心兴致勃勃地去阅读时，难以理解的文字会给心理带来消极感，甚至自我否定，削弱儿童自主阅读学习的欲望，密集的文字信息，也容易导致参观疲劳。儿童从这种词典化的信息描述中能获得的信息量远远达不到儿童对于展品情况的渴知程度，直观、具体的信息更有利于儿童理解，语言表达应该有感染力，多采用对话或疑问句的形式，以“谁”“什么”“何时”“何地”“如何”“为什么”为疑问句开头，帮助儿童参与思考和探索。另外，在信息外观上辅助儿童期望的外观样式，加强信息传达效率。

8. *父母是最好的老师，发挥父母的能动作用*

家庭教育是儿童成长过程中最重要的一环，他们是天生的科学家、探索者，但很多儿童在长大时便一点点失去了创意、失去了创新的能力，这与其在吸取新知识时的反馈有着密切的联系。家庭的养育方式就决定了孩子能否成为一个具有创意的人，父母的回应态度起着决定性作用。尤其是对低龄儿童来说，父母就是偶像般的存在，父母的点滴言行举止都会深刻影响、改变着儿童。所以博物馆应发挥家长能动性，让家长参与到儿童参观学习的过程中，让他们也成为博物馆儿童教育的合作者，比如设计儿童与父母可以一同参与的活动，在互动活动中让父母成为孩子的搭档、副手。一起游戏，共同面对游戏中的困难，让儿童意识到自己的能力，增加他的自信心；在相互沟通和交流中，促进亲子间的信任；或是在《参观手册》中向家长提供参观指导，例如在展厅中的某处问孩子什么问题，鼓励他们想象、独立思考。

（三）参观博物馆后——保持博物馆吸引力，充分利用博物馆资源的需求

“如果没有新的展览，基本上只看一遍就够了”，这是很多人对博物馆的认知。如何改变大众的这种观点，长期保有博物馆的吸引力，让观众成为“回头客”，需要充分利用博物馆的资源。

笔者提出以下四点建议：一是维护现有设备保证参观体验，根据时代变化推陈出新，并且通过宣传传递给观众。二是提供延伸的学习途径，参观后并不是学习的结束，而是深入学习的开始，比如提供相关展项的儿童读物或线上课程，供有兴趣的孩子深度学习。三是开发衍生文创产品，让博物馆走进每个人的生活。四是通过社交平台及时更新资源，以吸引、保留和拓展观众。

五、基于镇江运河文化体验的博物馆儿童互动产品设计策略

首先需要明确的是镇江运河文化的范围及产品设计的目标，镇江段大运河目前全长近60千米，从开凿丹徒水道算起，镇江这片土地上的大运河至少已经历了2200多年岁月，悠悠运河中凝聚了历代人民的智慧和汗水。运河文化是以运河为核心辐射开的这片地域的综合文化——这里经历过的重要而有意义的事件、在这里生活着的人民与他们创造出的区域文化，以及镇江这座城市如何发展到今天等，涉及学科众多。可利用的文化遗产除了传统的文物，还包括不可移动的大型文物古迹、文化遗址、非物质文化遗产，以及可信的历史文献与古籍档案。而为了能让儿童观众“认识、理解和热爱这片土地，能激发人们的文化认同、文化自信”①，同时也达到博物馆文化传播、教育的目的，我们就必须尊重儿童的认知需求，让儿童

① 严建强，邵晨卉. 地方博物馆：使命、特征与策略［J］. 博物院，2018（3）：72.

通过符合自己认知行为习惯的方式进行博物馆相关产品设计，让儿童在愉悦的、沉浸的交互体验中学习。

（一）以多样的体验方式为抓手

美国教育家杜威认为，人都需要通过自己的感官去探索世界，由此形成对世界的认知，这也与皮亚杰的儿童认知理论相互印证。在感知运动阶段，儿童所有的感知来源于外部刺激。当儿童进入前运算阶段，可以且只能以表象进行思维。进入具体运算阶段后，推理思维能力逐渐形成，但会受限于眼见的具体情境或熟悉的经验①。也就是说，对于儿童而言，儿童自身的经历、视觉、听觉、触觉、嗅觉、味觉、知觉的体验对其学习掌握某项知识和技能尤为重要，尽可能在参观过程中提供多样的、不同层次类别的感觉体验是保证儿童更好获取信息的条件。

（二）以有利于全过程学习互动为抓手

博物馆的互动体验并不只在实体场馆中，还需要重视参观的前后体验。参观前，提供好的宣传吸引观众来到展馆内参观，特别是对于家庭参观群体，从服务的角度为其提供有效信息，提供家庭参观手册，引导家长参与进儿童的参观学习过程。参观中，运用多感知融合的体验方式拉近与儿童观众的距离，重视情境的构建，通过儿童和情境的互动，促使他们自主动眼、动耳、动手、动口、动脑，从而产生思想和认知的交流碰撞。参观后，为儿童提供更加充分的学习途径，开发文创产品，让大运河文化真正走进儿童的生活。

（三）以尽显地域特色为抓手

除了在玻璃柜中展示陈列文物，更应该通过文物讲述它包含的关于这片土地的记忆，展现文物中包含的现象、事件、人物活动。以多种感知结合的模式呈现材料，为儿童搭建各类真实可感的环境，同时也使材料得到全方位的展示，提高材料的利用率。

---

① 马芳，王聿泼. 教育心理学［M］. 南京：南京大学出版社，2018：18-19.

以下以镇江京口闸遗址挖掘发现的两件元代青花鼎式香炉为例，介绍多层次的互动体验。其中的一只青花海水龙纹鼎式香炉装饰精美，尺寸在目前发现的元青花中最大，显得尤为珍贵①。除了器物本身的造型美，它更是民俗信仰、漕运繁荣的有力例证。

可以模拟考古挖掘现场，引导儿童扮演考古学家的角色，挖掘并拼装粘贴瓷器碎片，在提高儿童动手能力的同时，也让他们了解考古学家的职业，辅助展示真实的考古现场、考古学家的工作情况、文物修复的过程。在儿童拼装好整个瓶身后给出线索，通过图画游戏的方式让儿童填补出缺漏的花纹，也可以结合数字技术将纹样中的动物拟人化，通过它们给儿童讲述龙纹、凤穿牡丹、狮子戏球纹饰的故事，可以向馆内其他有相同纹饰的展品做延伸。

除了香炉的器型本身，从它的制作到运达镇江过程中所发生的故事则可以通过不同人物视角去展现：通过景德镇一名工匠的视角展示器物如何制作，制作的原材料、青花的用料和染料如何获取；制作完成后，从订制器物的买家视角展现如何将这些瓷器运输到镇江；从船工的角度展现运河镇江段水工文化、码头文化；从京口救生会义士的角度展现如何搭救在波涛汹涌的长江上遇险的人。在互动形式上，可以结合时下青少年流行的密室、剧本、角色扮演游戏，通过多人视角设置背景情节故事，在情节中进行互动闯关。通过扮演制作香炉的景德镇工匠、购买瓷器的商人、运送货物的船长、救生会义士等角色，感受在历史背景中与青花海水龙纹鼎式香炉有关的故事，以点及面，感受在历史背景中各行各业百姓的生活风貌、镇江段运河漕运的繁盛、水工设施的科学，感知镇江江河交汇的特殊地理位置。

再现青花海水龙纹鼎式香炉的使用场景、使用方式，有学者推

---

① 蓝旻虹，霍强．江苏镇江京口闸遗址出土元青花鼎式香炉考略［J］．东南文化，2014（1）：93.

测“香炉出土地点元代应该为一座庙宇，很可能即为天妃庙”①，而青花海水龙纹鼎式香炉是在大型祭祀活动中祈祷风调雨顺的供器，通过虚拟现实技术带儿童穿越回那个时代的场景中。与相距不过千米，目前依然保存完好的元代昭关石塔做关联，往来的商人、旅客、码头工人走过过街石塔向观世音、黄财神祈求庇护，也走入天妃庙祈求渡江顺风平安。在情景中给儿童提供可以许愿祈福的互动产品，使其可以更好地理解那个时代人们的生活愿景。将现存的历史遗迹与已经消失的庙宇在虚拟的视域中同时展现出来，给儿童提供多样的视角去更全面地理解事物。从青花海水龙纹鼎式香炉出发，积累多层次的感受，调动儿童的感官记忆，加强思考。

① 蓝旻虹，霍强．江苏镇江京口闸遗址出土元青花鼎式香炉考略［J］．东南文化，2014（1）：93．

大运河丹阳段民俗文化的传承与体验研究

缪旭芳*

丹阳，是千里运河线上建城较早的古邑之一，是运河沿线一座有着2400多年历史的重要古城。丹阳因水而生，拥有深厚的运河文化底蕴和丰富的运河文化宝藏，比如饮食文化中的吕蒙烤饼、封缸酒、大麦粥，丹阳文化中的“四门十八腔”方言、丹剧、啷当调，等等。这些传统的民俗文化在新时代与大运河文化的融合研究成果还不多，相关资料也较少见，尤其在丹阳民俗文化的保护传承利用的实践方面，有些民俗不仅没有被现在的丹阳人认同和践行，反而正在慢慢消失，许多年轻的丹阳人对其毫无所知甚至不屑一顾。比如有些丹阳人知道吕城的吕蒙烤饼好吃，但是它为什么叫吕蒙烤饼就不得而知了；大麦粥很多年轻人都不太爱喝，殊不知这份粥里承载着老丹阳人的故乡情结；很多丹阳人知道“上茅山，下九里”，但并不知道季子文化。因此，丹阳的民俗文化在现代化、多元化的生活冲击下，亟须在今天的丹阳人生活中积极传承和利用。

一、大运河丹阳段民俗文化传承与体验的重要性

（一）激发当地人的人文历史情怀和爱家乡的情感

生活在大运河两岸的丹阳人需要在现代生活里铺垫传统文化的

---

* 缪旭芳，镇江市高等专科学校丹阳师范学院副教授，研究领域：师范教育教学。

底蕴，才能使日常生活变得有情韵，更好地激发本地人对家乡的热爱情怀。比如丹阳的民歌谣、传说、曲艺戏剧、泥塑等，尤其是丹剧，就是取自民间艺术的精华；再如丹阳的“四大名菜”——高装细什烩、塘鳢炒索粉、冰糖扒蹄、一刀不斩狮子头，曾经在丹阳地区久负盛名；再如“拜年拜到大麦黄”“二月二龙抬头要剪头”“二月初八吃馄饨不腰疼”等民间习俗，都有着丹阳人深厚的集体记忆。

（二）发挥民俗文化的历史、教育和娱乐功能

民俗是广大劳动人民群众在生活中自然形成并长久承袭下来的风俗。每个历史阶段都产生了不同的民俗，对人们的生活产生过影响。多姿多彩的民俗文化活动，帮助人们了解祖先所创造的历史文化，从而激发民族自豪感和凝聚力。同时，它还对社会成员的行为和仪态起规范作用。民俗文化带有浓厚的娱乐性质，其中以节日民俗和游艺民俗最为突出，其娱乐功能又与审美意识结合在一起。

（三）是生活在大运河边的人们共同承担的责任

丹阳作为名副其实的“江南运河水都”，见证着漕运文化和商贸文化的辉煌，也有很多与运河有关的古地名、民间故事及唧当调、黄酒、大麦粥等非遗文化。这些珍宝，我们有责任有义务去保护和传承。

将这些非物质文化遗产和传统习俗等有效融入大运河沿线居民的生产生活，可以增强人们运用传统文化精髓解决当代人类面临难题的智慧，鼓励人们向上向善，营造和谐社会关系。

二、大运河丹阳段民俗文化传承与体验的过程与方法

2019年起，借助大运河文化作为具体落脚点，笔者研究大运河畔的本土文化传承，形成了“一条主线、两头并进、多元传承”的研究思路。一条主线，即以文化传承为主线；两头并进，即师范教育和基础教育协同共研；多元传承，即各校各自形成文化传承的研

究特色和内容。

（一）院校融合，齐头并进

2011 年，义务教育各学科的《课程标准》经过十年试行和修改后正式定稿实施。2012 年，《幼儿教师专业发展标准》《3—6 岁儿童学习与发展指南》出台，这些指导性文件明确了我们师范教育培养师范生的理念和目标，也提示我们师范教育必须与基础教育同行、沟通和互动。

本文采取的研究方式是院校融合，就是丹阳师范学院与幼儿园通融合作，共同传承中华优秀传统文化。

我们精选教育实习基地，对接具体合作学校。在本文研究实践中，丹阳师范学院主要与丹阳市运河中心幼儿园、丹阳市吕城中心幼儿园进行对接，共同研究传承思路和方案，制定具体互动传承内容，形成职前职后共研共通，并分头构建各自院校特色的思路。

（二）植根本土，挖掘资源

研究实践中我们以传承传统文化贯穿全程，明确植根本土民俗结合当地资源研究传统文化传承的思路。

要结合地方特色，积极整理本地大运河文化资源。我们将故事、诗词、饮食、民间艺术等整理成集，把大自然、田园、大运河等充分体现到文化传承的内容里，并随节日、季节、民俗等不同选择适当资源进行文化传承。

丹阳师范学院将本土资源融进学前教育专业资源库，如运河中心幼儿园建立乡村特色美育资源库，吕城中心幼儿园建立“探究性课程活动”资源库。

本团队与丹阳市历史文化协会、教师发展中心等部门形成资源共享。

（三）践行反馈，形成特色

在融合、探究、实践中，我们不断调整研究思路和内容，形成实践方案和践行体系。

1. 丹阳师范形成主次课程共同实施

制定课程规划，分学段有序实施。具体做法如下：

（1）融合技能训练

如把书法、经典诵读、儿歌传唱等列入“每日 70 分钟”的课前活动。把剪纸、二胡、篆刻等作为兴趣选修。

（2）考察游学

利用假期，对每个年级学生布置游学作业。对每年毕业前的 300 多名学生，分次分批游学大运河镇江丹阳段（见图 1），把实景与书本、与历史人文结合，使研究更接地气。

图 1　带领学生外出游学考察大运河丹阳段

（3）实习中融入民俗文化传承

学生在地方幼儿园实习过程中，通过施教中班绘画课《家乡的桥》、大班语言课《大麦粥的故事》、大班社会课《吕蒙烤饼》等，有意识地启蒙幼儿，让丹阳本土文化浸染孩子的成长世界。下面出示的是实习生臧雯在运河中心幼儿园实习时《家乡的桥》一课的教学设计：

幼儿园中班艺术活动教案《家乡的桥》

实习生：臧雯　　指导老师：庄菊丽（丹阳市运河中心幼儿园）

活动目标：

1. 幼儿通过仔细的观察，知道不同桥梁的特点和功能。

2. 幼儿通过了解自己家乡的桥，激发自己作为吕城运河人民的自豪感。

3. 幼儿发挥自己想象，对桥梁进行创新设计。

活动准备：

1. 环境准备：幼儿收集有关吕公大桥的资料，包括吕公大桥的图片、其他各种桥的图片及简单的介绍等，布置教室的环境。

2. 经验准备：幼儿对吕公大桥已经有了一定的认识，对各种桥的作用有一定的了解。

材料准备：

1. 有关吕公大桥的图片 各类桥的图片

2. 纸张　马克笔　PPT

活动过程：

1. 谜语导入

小朋友们，今天老师给大家带来一个谜语，我们一起来猜一猜吧。

谜语：驼背公公，力大无穷，驼的什么？车水马龙。（猜一猜）

师：小朋友们一起来猜一猜这个谜底是什么呢？（幼儿说出谜底后，引出桥这个话题）

2. 具体过程

（1）师：小朋友们平时都在哪里见过桥呢？见到的桥都是什么样子的呢？

出示PPT里一些桥的图片。

（2）师：那在我们的周围有没有桥呢？

（3）师：老师今天把我们家乡吕城运河的桥都拍成了照片，让我们一起来看大屏幕。

（教师出示大运河的图片和以前人们渡河的图片）（小朋友交流）

（4）师：以前呢，我们要过这个大运河非常麻烦，要划船才能过去，现在有了这座吕公大桥，就方便了很多。这座桥是我们家乡劳动人民智慧的结晶，我们一起来为家乡的劳动人民鼓鼓掌吧！

（播放“大运河给老百姓的生活带来了什么改变”的视频）

（5）师：请小朋友们仔细观察一下，这些桥都有什么不一样的地方呢？为什么不一样呢？

小结：我们的桥多种多样，都是我们的设计师用尽心血设计出来的，不同的设计就有不同的功能和特点。

（6）师：老师今天给大家准备了纸和马克笔，请你们来当小小设计师，设计一下你们刚才说的桥。画好以后，老师请小朋友上来说一说你们设计的桥都有哪些功能。

3. 结束部分

（1）幼儿进行桥的设计，教师进行指导。

（2）请部分幼儿上来介绍自己所设计的桥。

小结：我们家乡的吕公桥让我们的生活方便了许多，未来是属于你们的，需要你们去努力创造，老师相信你们一定会把自己的家乡创设得更加美丽，让我们运河两岸的风光变得更加的迷人！

图 2 是课堂上小朋友画的桥和教师授课画面。

图 2　小朋友设计的桥的图片和老师上课的画面

2. 两级单位对接交流推动

两级单位签订合作协议书，定期进行教学实践指导、参观和观摩，用讲座、研讨、实习等方式展开活动（见图 3），用教学反思、微信及时评价等多种方式评价反馈，调整完善。

图 3　课题组主要成员与幼儿园的交流研讨活动图片

3. 形成院校特色

丹阳师范学院：与技能融合的师范特色

与“每日 70 分钟”结合：早读课 20 分钟、中午写字课 20 分钟、晚自习课前活动 30 分钟。学院针对每个年级每周都有具体内容安排，或读古诗词、或视唱儿歌、或讲故事，我们有意识地融进古诗《练湖曲》、童谣《摇啊摇，摇到外婆桥》、故事《吕蒙与烤饼》等本土文化内容，通过读、写、唱、谈、讲、画等多种形式进行渗透。

与幼儿园师范生“十项技能”结合：学院的学前教育专业规定毕业生必须完成十项技能过关，包括普通话、三字、绘画、弹唱、模拟授课等。把本土文化融入绘画、诗歌吟诵活动当中，我们主要采用创编幼儿故事、诵读本地诗词、绘制儿童画、设计幼儿活动等方式进行。

与“唱舞弹”舞台展示结合：学院每年会进行“歌咏比赛”“舞蹈专场演出”“金手指弹唱会”，借助学院的三大展示平台，渗透本土文化。

运河中心幼儿园：具有民俗味的“新田园”教育

2012 年起，运河中心幼儿园坚持以“自然生态　自在生活　自主生长”为办园理念。在多年的课题研究和实践中，“民俗味”的体验活动就是在本土文化、大运河文化滋养下的传承活动。

（1）明确“民俗味”各年段课程。小班：民俗风情知多少；中班：民俗故事说多少；大班：我参与的民俗有多少。

（2）建立“民俗味”多元资源库。从民俗节目、饮食文化、特色建筑、历史古迹等方面分门别类整理，有序展开幼儿“民俗味”活动。

（3）构建“民俗味”课程实施模型。运河中心幼儿园已在活动中逐步形成“问题为导向—亲历场景—现场共分享—萌发新探究”的课程模式，形成教师预设为辅、幼儿生成为主的课程风格。

吕城中心幼儿园：“五乡”文化教育

该幼儿园坐落于古镇吕城（它因三国时东吴大将吕蒙在此屯兵筑城得名）。

（1）“五乡”文化浸润幼儿乡情。将乡土、乡貌、乡情、乡恋、乡愁等“五乡”文化融入幼儿园的日常教育之中。通过了解“吕蒙烤饼”、脂油团子、特色手擀面等家乡美食的制作，让幼儿爱吕城、爱家乡。

（2）在食育活动中体验传统节气和当地食俗。食育就是饮食教育，是帮助幼儿养成良好饮食习惯的教育。幼儿园根据节气变化，挖掘具有地方特色的美食，如进行夏天摘莲蓬、秋天挖土豆、剥花生等活动体验，让幼儿获得找寻、品尝的乐趣。食育活动既是对我国传统节气的感性认知，也是对本土饮食文化的传承。

三、大运河丹阳段民俗文化传承与体验的思考

丹阳段运河民俗文化研究和实践不是一蹴而就的，它需要一个相对比较长的践行期。传统文化博大精深，绝非一个本土民俗文化就能激起人们的传承、保护和利用意识，尤其在国际、社会等多方面影响下，人们的思想和行动受到制约。可以说，这项传承任务是需要一个相对比较长的时期来实现的。我们的课题研究意义也就在于把师范生的功能发挥出来，把这种传承意识带到幼儿园，带给儿童，让传统文化的传承从小开始，然后融进每个孩子的成长血液里，

代代相传，这才是最终目的。

本文对本土民俗文化的深入系统研究还有待进一步进行。哪些民俗、风土人情可以融进丹阳本土文化中，以及又有着怎样的文化特征，都需要深入研究。面对传承，在师范生中践行只是其中的一小部分，真正的传统文化保护和传承还是要靠社会人的共同努力。

在传统文化的传承范式和策略上还需要举大力、举全力才能更好落实执行。在研究中，团队的合作力是很重要的，研究队伍还需要不断扩大，直至每一个老师、每一个学生都能形成文化自觉和文化自信。同时，课题的落实需要领导的支持、相关职能部门的推进，并能体现到课程体系中，成为常规教学内容。另外，研究还需要与时俱进，不断更新、修正和调整，强调多方合作、多层次合作，如此才能使课题更具有现实的操作效果。

5G智能时代镇江大运河文化传播策略研究

程　斌　滕宏禹　张传斌　曹　艳*

在2017年和2018年的国务院《政府工作报告》中，中国提出加快5G技术的研发与转化，推动相关产业的发展。5G带来的技术革命，被视为经济增长的新引擎。近几年与5G技术相关的政策研究、技术发展预测、商业场景应用已经颇具规模，利用技术赋能的变革性，响应习近平总书记关于大运河文化保护传承利用的重要批示精神，挖掘大运河丰富的历史文化资源，在媒介技术发展到智能时代的当下有着重要意义。大运河文化传播传承利用需要新思路、新方向、新策略。

“创新创业福地，山水花园名城”的镇江市，处于长江与大运河交汇的“黄金十字路口”，有着丰富的历史文化资源、秀美的自然风光和崭新的城市发展样貌。自2019年2月以来，镇江市政府在《大运河文化保护传承利用规划纲要》的大方向指挥下，已积极打响“江河交汇・山水名城”的大运河镇江段发展目标，即将开展文化遗产和非物质文化遗产的保护与传承、分布式博物馆建设、大运河镇江段主题文化活动等，并加强水体治理与生态修复，发展运河沿线新兴产业。

* 程斌，南京师范大学中北学院人文系讲师，研究领域：数字传播，媒介融合，新媒体广告；滕宏禹，南京师范大学中北学院讲师，研究领域：交互设计，IP开发；张传斌，南京师范大学教授，研究领域：文艺理论，装帧艺术；曹艳，南京师范大学中北学院讲师，研究领域：传播理论，市场营销。

习近平总书记在党的十九大报告中指出，“文化是一个国家、一个民族的灵魂”，文化创新带动经济发展，已经成为现代城市发展的趋势之一。5G 智能时代，依托大运河深厚的文化底蕴，借用智能技术的优势发展镇江大运河特色文化，是提高镇江文化产业经济发展，增强文化软实力、区域文化传播力与影响力的关键手段。

一、平行迁移：现有 5G 技术在镇江大运河文化传播中的路径梳理

5G 技术能力的飞跃提升，不仅拓宽了新媒体传播的应用场景，也为社会各领域和垂直行业创新新媒体传播生态提供了现实可能，尤其是以“大运河文化带建设”为代表的政策引导、鼓励和扶持的研究建设工作，更应该注重新技术赋能的传播策略。镇江大运河蕴含着丰富的运河遗产和文化内涵，笔者这里基于镇江本土大运河研究专家钱兴对于大运河镇江城区段沿岸文化资源的研究基础：“以运河入江口变迁史为主线，串联沿江物质文化资源；以沿岸景观小品为亮点，构造休憩型生态文化景观廊道；以衍生的大运河非物质文化遗产为传承传播对象”[1]，结合最新 5G 技术下的可行性应用，探讨镇江大运河 5G 文化传播的五大技术迁移路径。

（一）千人千面：精准化运河文化传播

从南到北的大运河，自古这就是一条漕运之路、朝贡之路、仕宦之路、名利之路，汇集于镇江京口的名人大家与市井乡绅，融合了吴文化、江淮文化、金陵文化，有着多元包容的文化渊源。文化内容的多样性，对于集中化、同一化的传播本就有难度，而 5G 基于大数据资料库的“千人千面”技术，就可以根据大量互联网用户行为的样本数据和协同过滤，对用户需求进行预测，进而达到精准化智能推送的结果。

假使以“抖音”这一社会化媒体平台为数据样本库，以“白娘子”“西津渡”“北固山”“无锡清名桥”“苏州山塘街”“杭州拱

墅”等关键词为拟定用户标签刻画理想用户画像，并结合点赞、收藏、转发、停留时间、播放次数等用户行为统计，形成内容访问权重的预测算法，精准地向这类受众投放镇江大运河相关短视频，就有利于提高镇江大运河文化内容的转化率。应用于电商模式中的这一技术已经比较成熟，建立好完备的用户标签知识库、标签分类体系库和推荐算法库，对用户上网标签结果、用户应用标签结果、用户兴趣标签结果进行业务感知分析，融合互联网访问数据和互联网页面快照数据，即可构筑理想推荐算法，实现镇江大运河文化传播的“千人千面”投放路径。

（二）物联协同：互联化现代安全体验

万物智联是5G提出的美好愿景，也是物联网要实现的目标。现有物联网的技术重点主要集中在三个方面：第一个是任何时间的连接，包含纵向用户历史记录、横向夜晚白天时间更迭；第二个是任何地点的连接，包含动态静态、室内室外转换；第三个是任何物体的连接，包含计算机与计算机之间、人与人（H2H）不使用计算机之间、人与物（H2T）使用通信设备之间、物与物（T2T）之间。智能家居联控、绿色农业管理、工业实时监测、可穿戴设备健康管理等行业领域已经有了成熟的应用，从感知终端的牵引，到基础网络与连接平台的管道连接，再到智能平台的平台聚合，最终实现于行业内的应用服务。

譬如在镇江大运河“沿江游”的构想设计中，把5G车队管理系统平行嫁接入游船管理体系，再叠加智能监测系统和健康监测系统，就可以打造成现代安全的水上游览项目，有效解决船只停靠混乱问题、高低峰船量运营调配问题、消费者接驳实时座位反馈问题、旅客突发疾病防控问题、溺水营救问题等，解放大量人力物力，还原最沉浸的纯粹运河文旅体验。

（三）速率升级：优质化内容生态更新

目前3D技术、VR技术、AR技术在娱乐行业内应用广泛，无论是电影、音乐、游戏，还是线下主题乐园、城市大型商超、品牌方季度快闪店，都有涉及相应的新技术应用。例如河南卫视在技术设备的更新上也做出了内容生态全新构建，在2021年的中秋晚会中，节目《少林·功夫》就把实景拍摄与数字化技术相结合，武僧和舞者突破次元壁，上演视觉冲击力十足的对手戏，一虚一实，一柔一刚，把河南少林的地域特色、古今少年的历史跨越、“苦练皆可入门”的文化哲思通过新技术再现，奉献了一出感官强烈、创意大胆、文化深厚的大众优质文化节目，并且同台的多类节目在2021年多次登上热搜。原本属于第二梯队的河南卫视依靠着5G在速率传输上的优化，构筑了如同虚拟仿真般的超高清视频风格，并且没有忘记文化在技术运用中的中坚地位，以技术呈现文化，以技术凸显文化，以技术输出文化，实现对内的文化认同和对外的文化传播，引发传统媒介生态的再思考。

现代传播手段极大地改变了人们的经验与意识、日常兴趣与日常感觉，以及人与所处社会关系的感知。技术升级后，最容易犯求新忘本、得意忘形的错误，展现技术的丰富与先进应该为文化传播服务。镇江运河歌舞演绎、大运河风情小品等项目的设计，也需要厘清文化与技术的关系，一是这类节目形式如何与国内国际对标的迁移问题，二是文化挖掘与文化再现的独特性创新问题。其实技术的同质学习并不需要回避，特色文化的特色表达才是内容生态的核心。

（四）加密传输：安全化文旅资源服务

信息安全在数据安全与用户隐私保护方面发挥着至关重要的作用。为实现万物互联愿景，5G技术需满足异构网络（3G、4G与Wi-Fi）与设备（移动手持设备与物联网设备）对资源的正常使用[2]。对于用户数据的搜集与分析，需要更加稳妥。传统Wi-Fi辐射过程中，不法分子可以利用较简单的技术手段破解网络，盗取用户资料，因此用户承担了很大的信息风险。

大运河文化传播过程势必要引入更为安全可靠的数据传输技术。数据安全有两个层面需要注意：一是要保证用户的数据不损坏、不丢失；二是要保证数据不会被偷走或者被盗用。在云计算刚刚发展的过去 10 年里，不断有犯罪分子或者恶意的黑客进入计算机系统中偷盗数据的事件，确实给公司和个人带来了很大的麻烦。像 Facebook 这样的公司居然卖了几千万用户的数据以牟取利润，因此今天个人用户所担心的是自己的数据是否会被偷盗，自己是否会蒙受很大的损失。笔者在探访大运河周边景点时发现，镇江金山景区和镇江博物馆均设有纪念章自动售货机、明信片自动售货机，在询问园区客服工作人员后，了解到这批设备最早于 2018 年投放使用。但在智能生活产品安全问题研究探索大会（XPwn）上，参赛的极客选手通过现场写代码的形式，对放置在现场的自动售货机进行测试，这些设备在硬件端、设备 App 端、服务端均存在大量的漏洞。因此设备系统的更新、换代、维护等问题需要专业团队进行保障，定期排查和不断升级，在保证消费者利益的同时，要严格打击不法分子智能化犯罪，这是维护运河数字文旅生态的基本。

（五）绿色节能：电子化实时连接传送

国家在 2021 年《政府工作报告》中将“扎实做好碳达峰、碳中和各项工作”列为重点工作，因此 5G 技术在物联网监测碳排放、预测碳排放、简化促进 ESG 数据的搜集和自动承保流程助力碳中和过程中将发挥巨大的作用。在原料端，5G 物联网传感器和自动系统可有效保障资源平衡节能供给；在设计和制造端，根据实时提供的生产线数据优化流程，可以精准进行质量把控，提升产品质量；在分销端，实时追踪物料和货物信息，可提高供应链的透明度，解决拥堵、冷链易腐、强震易碎等问题；在使用和重复利用端，可革新产品即服务的共享经济模式。

笔者在调研镇江市西津渡景区、北固山景区及金山景区时均发现，垃圾分类虽有标语式的引导宣传语，但是游客并没有做到垃圾分类，可回收的塑料瓶和厨余垃圾混在一起，景区与商家分发的纸质宣传单在路边与大运河中均有发现。基于物联网的废品管理系统，可以促进人们进行垃圾分类，在垃圾箱将满的时候发出提示，提升废品管理效率和垃圾车的运营效率。同时，博物馆与景区还可以改变传统的大量派印纸质宣传单的方式，设置一些扫码即可观看或收听的智能语音导览，游客在回答相应的问题或者完成相应的打卡任务，比如步行 1 万步、指定景区地点拍照等后可换取精美纪念品，这样既可以提高受众参与度，也利于大运河文化传播。

二、深度探寻：镇江大运河文化传播模型构筑

美国著名传播学学者詹姆斯·凯瑞在他的代表作《作为文化的传播："媒介与社会"论文集》一书中说道，如今在科学中比在宗教中更能找到传播模式，而传播模式不仅是传播的表征，它也为传播提供了表征：无论是否管用，它都是反映人类互动（大众的或人际的）具体过程的模板。因此研究传播应该包括考察传播模式本身的建构、理解与使用——也就是在常识、艺术、科学中的建构，其历史性的特定建构及使用[3]。既然 5G 技术模型在摩尔定律、大数据和数学模型的建构上有了飞跃式的发展，那么技术推动下的文化传播也应该适应新模式的嬗变。合理调动镇江大运河的文化资源，积极面对技术裹挟的挑战和机遇势在必行。

（一）调整定位：细分市场并拓展"本土化效应"与"宁镇扬一体化"战略

增长不等于发展，5G 的到来甚至包括 6G 的开发，不仅可以带来直接或间接的经济增长，更重要的是可以提高各产业的运行质量和总体效益，优化产业结构，在为供给侧提供发展动力的同时，为需求侧提供更多的市场选择，在第三产业的文化产业这一层面体现得更加明显。技术进步带来生产力的发展，生产力大发展需要政策战略的支持，马克思主义政治经济学把生产力的发展归结为三个方面："发挥着作用的劳动的社会性质""社会内部的分工""脑力劳动特别是自然科学的发展"[4]。而在如今的数字经济中，5G 则是实现资源高效分配的有力工具，尤其是在跨区域协

同发展与城市群联动共进方面，发挥区域劳动性质互补、城市群内外分工整合、智创人才的合力创新，将成为经济增长、文化发展的新引擎。

镇江大运河的文化传播模式，需要打破传统的、单向度的、孤立的发展模式，可以大胆在“宁镇扬一体化”战略部署中发挥政策性的策略优势。《宁镇扬同城化发展规划》和《宁镇扬同城化建设推进纲要》的发布，给出了更宏观的区域发展战略路径，宁镇扬板块与周围的长三角一体化、江苏长江经济带、江苏沿海地区开发和国家级南京江北新区等战略部署有着众多交集；在地理区位上与同样的大运河流经城市扬州、常州、无锡、苏州等有着一脉相承的文化背景；在通信同城化、教育一体化、农业一体化、文育同城化、医疗同城化、养老同城化的具体规划中也有多重联动的机会。镇江大运河文化本身就以兼容并包为主要文化渊源与内涵，在5G新时代的发展中，应结合基础设施联合、产业布局开拓、创新体系搭建、公共服务完善、城乡统筹优化、生态环境治理、改革开放发展七个方面的重点任务，将大运河文化渗透其中，借东风之势，燎灿烂之原。

（二）内容挖掘：开发具有5G特性的镇江大运河文化传播内容

“这是最好的时代，也是最坏的时代。”英国文豪狄更斯在《双城记》中开篇定调，100多年来它不断被人引用，因为在这个智能时代中，智能技术所引发的革命无疑将给我们带来一个更智能的、精细化的、人性化的社会。但从另一个方面，技术革命也将给我们带来空前的挑战，譬如文化的快餐化、娱乐化、肤浅化正愈发严重，一味妥协于市场性、大众性，势必在内容取向上走偏，而流量时代的把控，更多的是资本的介入和强媒介的影响，镇江大运河文化在内容挖掘方面需要做一些文章。

在文化传播的研究视角中，詹姆斯·凯瑞在以杜威为代表的芝加哥学派传播社会学思潮的基础上提出了两种传播观：传递观与仪式观。传递观是一种带有目的的倾向性的传输过程，通过劝服、改变态度、转变行为等方式，通过信息传递实现社会化，影响或调解个体对文化内容的选择，强调文化在传播过程中运输、运送等动作的重要性，发送者与接收者在传播两端占有重要地位，打破空间的传播优势显然在今天依然被广泛延展应用，比如“热搜”“热榜”“超话”等形式。镇江大运河完全可以通过在抖音、微博、B 站等社会化媒体热搜榜上塑造热门话题，运用合理的广告竞价机制投放借势广告，输出自己的文化产品，这种通过跨越空间、拓展流量、强化影响、控制次序的做法依然有效。

但是 5G 时代的文化传播内容就仅此而已了吗？答案是否定的。这种从传到受的单向传播方式、权力控制模式是典型的大众传播时代的文化传播思路，而在今天的智能时代，万物互联的共享思维才是这个时代对应的路径。相比于传播传递观，另一种传播仪式观更侧重对于文化传播内容的创造和改造这一系列共享文化的过程，并不单单指空间层面的信息拓展，还有时间维度的社会性维系，它不是一种传递信息或影响的行为，而是共同信仰的创造、表征和庆典。显然詹姆斯・凯瑞更加倾向后者，与传递观不同的是中间的参与者有了更重要的话语权，分享经验、找寻共鸣成为一种多维的情景模式而不是线性模式。文化的仪式是任何时代都不过时的，“年味儿”“致青春”“同好会”……文化在时代洪流中悄然形成一种固有的秩序和想象的共同体，大热的沉浸式演出亦是这种仪式观的体现。

对于镇江大运河文化中的农耕文化、城镇文化、聚落文化、商旅文化、诗词文化、美食文化、佛文化、水文化、面食文化、渡口文化、慈善文化、军事文化等内容，我们需要探寻适应 5G 智能时代传播的新方向：第一，在内容开发上，应该注重共同开发、市民自发，鼓励创新性的文化内容创作与传承活动；第二，在内容传播过程中引导大众以“攻略文”“种草文”等非官方形式进行文化传播；第三，在内容监管上加强对积极正向内容的监督跟踪；第四，在内容呈现上战略化地部署文化内容的个人性与社会性结合、私密性与共鸣性结合及历史性与现代性结合。

（三）多维交互：打造知识、技术、资金三位一体支撑系统

文化传播不是一己之力的奋斗，无论是政府自上而下的引导，还是企业自下而上的探寻，都不符合当前智能时代的交互性，而是需要从学界专业的知识支撑，到业界扎实的技术支撑，再到商界灵活的资金支撑，共同打造文化基础设施（上游产业）—文化传播服务（中游产业）—文化终端应用（下游产业）的全方位多维交互智能传播格局。

镇江高校不算太多，可以联合南京众多实力强劲的高等院校及科研设计院，充分合理地利用校园本身的科研设备资源与青年学者资源，积极结合全国大学生创新创业大赛等学术活动，群策群力在应用供给侧先锋带头，打通校企屏障，为学生与老师提供更多的实创平台，既能使学生巩固专业知识，实操专业技能，又能反哺社会，推动地方经济建设与文化复兴。

企业在技术层面有着丰富的经验积累和业界一线的技术标准，专业从事技术研发、生产、更新、维护的人才可以为文化传播服务端起到良好的支撑作用。科学和技术的发展从来都不是匀速的，越是重大的科技突破，往往需要酝酿的时间越长，数据的剧增和摩尔定律所带来的半导体集成电路的巨大进步，是文化传播中的决定性推动力。

政府与其他社会组织应该为文化终端的应用与拓展提供相应的资金补助与政策支持，新技术更新所短缺的资金不是学校或企业能够负担得起的，需要多方支持，基站建设、射频模块、文化设计、核心网系，都需要充足的资金给予配套保证。

（四）媒介融合：跨媒、融媒、创媒架构全媒体传播矩阵

传统传播载体突出表现出来的问题有以下几点：第一，带宽问题限制了的传输内容的表现质量，容易出现画质低、延时高、卡顿多、抖动多等问题；第二，有限的传输量导致了传播路径的单一性、静态性、压缩性，难以呈现复杂的共享互动、高清动态及 RAW 源存储；第三，受地理环境、用户密度、信号强度等影响大，无法实现

资源的按需开发与运营。基于以上问题，5G 智能时代在媒介表现上有相当大的改观，不仅是 4G 加 1G 的数量提升，更是传播载体矩阵性的架构创新。

跨媒、融媒、创媒有赖于 5G 技术在多种媒介样态上的高自适应性而建立的规模性连接和高传输通道。2019 年，国家对传统媒体的融合发展就提出了“全程、全息、全员和全效”的新要求。在技术引领的传播主体与客体的界限模糊与外延不断扩展中，传统媒体纷纷采取“4K+5G+AI”的战略布局，持续寻找媒体融合推进路径[5]。镇江大运河文化传播应适应跨媒介的需求，实现人与人、人与机、机与机之间的交互，联通物联网环境中的媒介统一性识别和差异性表达，如在本市做促活性宣传，在他市做拉新式广告；在人口密集度高的站点播放统一的滚动高清视频，在手机移动端以互动 H5 为宣传、转发和报名的入口。

（五）洞察受众：表层信息与深层行为的效果透析

信息层次的洞察，有赖于 5G 技术下对于受众信息接受完整性、清晰性、立体性和丰富性的有效把控，交互数据即时且完整的记录，可以保证随时分析、随时可用；全面性的受众数据可以通过算法洞察受众的个人情况、偏好及行为预测；实时监控的营销数据可以精准化地实施营销战略，降低容错率。比如镇江大运河广告投放在高铁站的灯箱中，是很难监测受众观看率、转化率、喜好度等量化数据的，而如果投放于 B 站的短视频类目中，可以较为容易地统计后台点击率、观看时长、观看完整性、弹幕内容偏好，甚至可以看到哪个镜头用户讨论得最多、哪个镜头流量流失最严重。我们通过后台数据结合比较简单的内容分析就可得出这支宣传视频的传播效果，并且吸取其中的经验，拍摄剪辑出更为受众所喜欢的影片。

行为层次的洞察，在传统媒介时代相对难以测量，因此受众研究一直处在比较困难的阶段，而 5G 技术不仅给用户行为分析带来技术上的支持，还在逻辑关系上进行了嬗变，即从因果关系到强相关关系的进阶。在科学鼎盛发展的 20 世纪，人类最自豪的便是对于因果的驾驭，比如对镇江面食文化的研究，我们会从历史、地理、文化等角度寻找造成这种现象的原因。一方面，先有原因才有结果是客观事物发展的规律；另一方面，如果找不到直接原因，就无法证明结果的可信度，无论是医学、科技还是文化研究、法律制定，都依循这样的逻辑关系。而通过因果关系证明答案其实是很难的，因为越复杂的问题越难通过计算快速准确找到直接证据，因此很多实验与研究确实要靠运气、灵感和坚持不懈的努力。5G 智能时代大数据给我们指出了一条更为便捷的思路——从大数据中直接找答案，即使不知道每个细小环节的原因，这种强相关关系可以帮助我们跳出机械时代单纯追求因果关系的闭环，开始具有大数据思维。所以我们可以在大运河广告投放过程中安插一个跟踪系统，在咖啡点餐小程序上投放大运河文创广告，在社团生鲜群投放大运河旅游广告，在综艺点播平台投放大运河漂流 Vlog……这些搭配我们不需要进行严格的论证，只需洞察一下这些用户的行为数据是否和相应的广告受众吻合，甚至这背后会出现我们难以解释的原因，毕竟对越来越细分的受众和个性化的网民我们无法用传统的归纳思路来进行完美总结和分类，但强相关性在用户行为表现上会以数据的方式呈现，我们只需关注结果、转换结果、复制结果。

三、场景应用：创新镇江大运河文化传播组织形式

5G 的应用前景不仅仅局限在 4G 所着重发展的娱乐领域，更深层次的社会互动将在家庭、个人移动、交通车载应用场景中发挥更大作用，这三个是 5G 时代现阶段可预想的、可执行的、可把控的重要应用场景。在技术、产业和市场的综合推动下，5G 新媒体信息传播的流量争夺端口将面临新一轮的调整和改变，对未来媒体信息传播链路与生态起到了至关重要的决定性作用，但无论网络、终端、技术如何发展变化，用户及其对信息的使用永远是信息传播的终点。大运河文化传播策略应随技术和应用而变，以用户场景为核心，以

文化内涵为根本，以不断创新信息的组织形式、传播模式和内容形态传播大运河文化。

（一）家庭场景：智慧物联，媒介延伸

家庭媒体的信息传播环境在5G时代未受到像个人移动媒体被移动互联网颠覆那样的巨大影响，家庭媒体生态在“前5G时代”几乎没有太多变化。随着5G技术的普及、应用和商业化推进，5G网络及信息服务已经开始大举进军家庭媒体市场这片“蓝海”[6]。无论是小米的米家，还是华为的鸿蒙系统，都在布局智能家居家庭信息共享市场格局。对于家电、家具、家装等传统静态的“物”，互联网企业统统给它们嫁接网络端口，成为带有信息传播属性的“物媒介”。人工智能技术和传感器技术很快让我们体验到了人脸识别、语音识别、体感交互等便利。镇江大运河的文化传播应该看到这样的新机遇，比如：以智能电视为切入点，联动镇江市广电部门，对本市市民家庭电视投放相应的大运河文化内容；免费输送制作精良的大运河文化广播剧；在智慧门禁系统加入大运河文化IP元素等家庭场景的文化传播形式。

（二）移动场景：智享云端，多元共生

5G网络特点和性能优势将会进一步弱化用户对终端的功能性需求，当云端应用形态越来越普及之后，终端应用的形态或将朝着信息集成入口发展，操作系统自带的信息集成应用将会成为5G时代的重要服务媒介[7]。以App（智能手机的第三方应用程序）为核心的信息传播与服务确实颠覆了人们的生活方式，但复杂的、重复的、凌乱的App管理问题也影响了人们的生活方式，碎片化时代信息的极度分散，导致寻找有效信息的成本依然很高，即使是紧跟时代发展的年轻人也厌倦了不断改版的App生态。5G技术有赖强大的带宽基础，可以实现以云端为核心的上传下载即时模式，对于信息的组织和传递只需要轻量级的、简约的信息集成入口。因此在大运河文化传播的过程中，我们不需要再在各种应用领域搭建App，吃镇江特色美食要下App，大运河划船夜游要下

App，抢票、观影、排队要下 App，收听大运河博物馆电子导览要下 App……个人移动信息集成入口是建设的趋势，更是经济性、效率性、人性化、智能化的体现，一个微信小程序，内嵌智能客服就可满足以上所有的大运河文化传播需求。

（三）车载场景：智通数据，跨城联动

车载场景是一种极为特殊的信息传播环境，其时间、地点、速度、传受方式等都与前两个场景不同。开放性与私密性矛盾共生、声音单通道传输与触控多载体交互共存，甚至在智能驾驶系统中有更高级的体感交互、脑机交互等，再加上安全性第一的硬条件限制，使得这一场景对于 5G 技术的成熟性、稳定性、规范性、易控性要求更高。声音是目前车载场景中最容易实现的路径，镇江大运河文化传播可以先在市内的出租车及旅游专线车载系统中导入智能语音导航，如行驶到某一大运河标志点，智能播报相应的文化内容，介绍风土人情或历史渊源，提供可玩性高的游玩建议。同样，触控操作系统也可植入其中，比如在公交车上投入智能互动屏幕，乘客可以联网点击相应的大运河文化信息，查乘车路线、搜文化活动、看云端展览等。

四、结语

技术不是万能的，智能时代的到来势必需要文化传播方式做出一定的应变，但更快不等于更好，更新不等于更强，虽然我们可以活用 5G 技术在大运河文化传播方面实施更为智能化、精准化、人性化的投放，可文化的本质依然来源于这片热土与这群人之间的历史性传统与社会性关系。希望本文提到的一些智能时代的全面升级对策会对镇江大运河文化的传播贡献一份力，但新的机会也会伴随着更大的挑战，文化传播的路径变革过程不是“人类征服运河”的现代化新技术推进，而是思考我与大运河如何共享共生。

参考文献：

［1］钱兴．大运河镇江城区段沿岸文化资源提炼与旅游品牌建设研究［J］．镇江高专学报，2020（1）：10-16.

［2］冯登国，徐静，兰晓．5G 移动通信网络安全研究［J］．软件学报，2018，29（6）：1813-1825.

［3］詹姆斯·凯瑞．作为文化的传播：“媒介与社会”论文集［M］．丁未，译．北京：中国人民大学出版社，2019：25-26.

［4］马克思．资本论：第三卷［M］．北京：人民出版社，2004：96.

［5］李金宝，顾里平．技术赋能：5G 时代媒介传播场景与应对方略［J］．传媒观察，2020（9）：5-14.

［6］卢迪，邱子欣．5G 新媒体三大应用场景的入口构建与特征［J］．现代传播，2019（7）：7-12.

［7］李超．5G 时代商业模式变革趋势研究［J］．互联网经济，2018（12）：18-25.

从红海中开辟蓝海的新征途

——基于体验模式的镇江大运河文旅推广研究

朱　嘉*

一、大运河文旅推广的研究背景

大运河的开凿最早可追溯至春秋时期，此后历朝历代不断对运河进行疏浚完善，至元代形成今天我们所见京杭大运河的水系分布。历史上，中国古代的政权中心大多位于北方地区。北方的政权中心既需要富庶的江浙地区提供持续的商品供给，又需要对江浙地区实行有效统治。开凿运河，依托漕运成为解决问题的途径。大运河延续了千百年的漕运繁荣，不仅沟通了中国南北，而且给运河流域带来了持续的繁荣气象。经济上的繁荣又进一步提高了人员流动性，促进了各地域文化在运河流域逐渐融合，形成了运河流域独具特色的文化传统。

2020 年 11 月，习近平总书记考察江苏时指出："要把大运河文化遗产保护同生态环境保护提升、沿线名城名镇保护修复、文化旅游融合发展、运河航运转型提升统一起来，为大运河沿线区域经济社会发展、人民生活改善创造有利条件。"① 有了思想上的指引，后

---

* 朱嘉，镇江市图书馆馆员，研究领域：文化旅游推广和文化保护。

① 央广网. 习近平在江苏考察时强调 贯彻新发展理念构建新发展格局 推动经济社会高质量发展可持续发展［EB/OL］.（2020-11-14）［2022-01-17］. http://news.cnr.cn/native/gd/20201114/t20201114_525329727.shtml.

续工作得以有条不紊地开展。在习近平总书记作出重要指示的当年12月，镇江市就顺应时代要求制定了《大运河文化带建设研究三年规划》，规划中明确了深入挖掘镇江大运河的文化精髓和当代价值，致力打造“江河交汇”的品牌①。

二、镇江大运河文旅的现状分析

镇江大运河文化旅游的推广不仅涉及自身的资源基础，还与全市文旅发展的大环境及周边城市文旅产业的竞争等因素息息相关。面对多重因素影响的决策问题，采用SWOT分析模型可以很好地厘清当前环境下自身的优势与劣势，明确需要考虑的外部风险与需要把握的战略机遇。本文通过对历年镇江市大运河文化带建设研究文献的整理，尝试在前人研究的基础上重新解读镇江大运河文旅推广的优劣势，并通过综合分析寻找出能够辅助决策的最佳路径。

（一）大运河文旅推广的优势

1. 高密度的区域文旅资源

镇江市作为江苏省面积最小的地级市，却拥有国家A级旅游景区35处②。景区呈现高密度分布的特性。特别是沿江地区，集中了金山、焦山、北固山、西津渡等本地区最具有影响力的旅游景区。地理位置上的高密度决定了这些文旅资源之间具有天然的相关性，这便利于镇江在大运河文旅推广的叙述中借力已积累口碑与前期投入，通过充分整合相关资源达到事半功倍的效果。例如，在大运河沟通南北、漕运兴盛的叙述中，西津古渡作为漕运繁华的见证，自然地融入大运河的整体叙述。早先西津古渡的文旅推广工作就为大

---

① 镇江市文化广电和旅游局．镇江：文旅融合焕发“黄金水道”时代风采［N］．新华日报，2019-05-04（4）．

② 江苏省文化和旅游厅．2019年底江苏省A级旅游景区名录［EB/OL］．（2020-02-14）［2022-01-17］．http://wlt.jiangsu.gov.cn/art/2020/2/14/art_48960_8972300.html．

运河文旅打下了良好的推广基础。在大运河江河交汇、人文荟萃的叙述中，沿江的三山风景区中历代文人墨客、英雄豪杰所留下的耳熟能详的故事都能够极大地丰富大运河文旅推广的文化内涵。充分整合资源，便于降低推广大运河文旅的公众认知难度，充实了对大运河文化内涵的叙述。

2. 有潜力的后发优势

对比苏州、无锡、常州、镇江四市 2019 年年接待游客量与年旅游业收入两项数据①，可以很直观地得出结论，同样作为苏南城市，镇江的文旅产业发展无论从规模还是质量上都不同程度地落后于其他三座城市。虽然现阶段的发展上存在差距，但值得关注的是镇江市在文旅推广中的景区建设及宣传推广等方面的投入都远小于其他三座城市。苏、锡、常、镇四市有着相近的地理条件、相似的文化传统，其发展文旅的基础也有所类似。考虑当前四市对文旅产业的重视程度，现阶段所呈现的发展差距恰是镇江文旅可以推广与成长的空间。因此，镇江文旅可以减少在文旅推广中摸着石头过河的开拓性工作，加强对周边城市文旅推广进程中的案例进行学习与借鉴，避免走不必要的弯路，大运河文旅的推广工作具备了后发优势，有利于实现弯道超车。

（二）大运河文旅推广的劣势

1. 文旅资源相对的区位劣势

江南自古就以钟灵毓秀、人杰地灵而名扬海内外。这一区域的城市大体上具有相近的地理条件、相似的文化传统。镇江的文旅资源与周边城市的文旅资源相比缺乏独特性，并不具备垄断优势，按照通常的发展模式就必然要与周边城市进行激烈的市场竞争。而周边城市文旅产业发展起步较早，形成了较为成熟的文旅市场，拥有更为丰富的文旅产品。这进一步加剧了市场的虹吸效应，消费的目

① 江苏省文化和旅游厅. 2019 年江苏省游客满意度解读［EB/OL］.（2020-01-19）［2022-01-17］. http://wlt.jiangsu.gov.cn/art/2020/1/19/art_48960_8949403.html.

标群体在取舍时，更愿意选择相对成熟的市场，因此产生了以过境游客为主的镇江旅游业生态现状。

2. 缺乏清晰的长期战略

推广镇江文旅产业长期存在两类观点，一类主张依靠“看得见的手”高效整合资源，打造系统性的城市文化旅游，实现文旅产业快速升级；另一类主张依靠“看不见的手”合理配置资源，优先打造短期休闲旅游再迭代升级的文旅发展模式。这两类观点交替成为政府政策的主导，决策与决策之间又缺乏连贯性。这导致了前期投入资源的浪费，也错过了整体区域的发展机遇，制约了镇江文旅的长期发展。

（三）大运河文旅推广的风险

文旅推广的外部风险首先取决于市场的认可度。镇江市要推广大运河文旅，始终无法绕开周边成熟市场的影响。这些城市拥有得天独厚的文旅资源，以及深耕多年所形成的行业壁垒。因此，镇江在大运河文旅推广工作上必须另辟蹊径，寻求差异化竞争。如果不能充分调动创新能力，避免传统的推广模式，而是陷入同质化竞争，与周边城市争夺相近的客源，大运河的文旅推广工作就难以取得良好的收益。

（四）大运河文旅推广的机遇

十九大报告对当前我国社会的主要矛盾做出了新的论断：“中国特色社会主义进入了新时代，我国社会主要矛盾已经转化为人民日益增长的美好生活需要和不平衡不充分的发展之间的矛盾。”① 得益于几十年经济建设成果的积累，如今人民生活水平有了极大的提高。正所谓“仓廪实而知礼节，衣食足而知荣辱”，有了物质基础的充分保障，人民群众对美好生活的需求日益增长，将更多的注意力集中在文化精神的需求上，未来文化旅游业的需求增长必然具有良好的

---

① 新华社．习近平：决胜全面建成小康社会 夺取新时代中国特色社会主义伟大胜利：在中国共产党第十九次全国代表大会上的报告［EB/OL］．（2017-10-27）［2022-01-17］．http：//www．gov．cn/zhuanti/2017-10/27/content_ 5234876．htm．

预期。在国内各行业推动产业升级与高质量发展的大背景下，文旅产业逐步从同质化服务向异质性体验升级，更高的附加价值正成为文旅产业的核心竞争力。镇江大运河文旅推广工作恰处于这个转变的历史时期，抓住这一时代机遇将有利于实现推广工作的跨越式发展。

（五）SWOT分析结论

综合前文所提及的优势、劣势、风险与机遇，镇江大运河的文旅推广工作整体上是优势与劣势并存，很难说哪一方是问题的主要方面。甚至以不同的角度解读，这些优势与劣势是可以互相转化的。这就要求在制定决策时要尽可能地扬长避短。面对风险与机遇，需要认识到风险的长期性，更要关注当前环境下的时代大背景。中国经济长期向好，是支持人民群众追求“美好生活”的基石，未来文旅势必会在追求高质量前提下不断发展。

周边城市已然将文旅的存量市场瓜分殆尽，形成了“红海”的外部环境。把握好未来增量市场，开辟属于自身的“蓝海”就成为镇江大运河文旅推广工作破局的关键。这势必要紧密联系客观存在的需求基础，在风险与机遇中探索出契合实际又能体现自身特色优势的发展路径。

三、体验模式下文旅项目比较研究

通过提高整体的体验感从而提升文旅产业的质量成为当前发展的热点。以此为路径的文旅项目始终围绕着“体验+产业”的核心模式进行组合，例如“体验+旅游”“体验+文创”等。通过传统与现代技术结合的表现方式，创造出沉浸式体验、参与式体验等模式。消费者不再是单纯地依靠视觉观感，而是通过触觉、听觉等多感官的立体体验，真正融入其中，从单纯的旁观者变为身临其境的参与者。这种模式提高了文旅产品的品质，从而使消费者获得情绪上的满足。本文通过对体验模式下代表性案例进行比较分析，尝试找出在镇江市推广大运河文旅中值得借鉴学习的经验。

（一）迪士尼成功的造梦体验

2016年，上海迪士尼乐园开园伊始就受到消费者的热捧。仅在开园的第一个月就接待超过50万人次的游客量，园内的人均日消费金额超过2000元。无论从游客量与盈利能力的角度来看，都是目前国内最成功的主题公园。通过分析迪士尼公司及上海迪士尼乐园，本文尝试总结出其在体验模式中成功的关键。

1. 沉浸式的造梦体验

迪士尼公司之所以被誉为“造梦工厂”，正是由于其创作了大量优秀卡通电影，拥有不计其数的影迷。不同年龄段人群都有着自己幼年时期所熟悉的迪士尼卡通形象，可能是白雪公主、狮子王、花木兰或是小熊维尼，可以说很多人的内心深处都曾被这些卡通形象所影响。迪士尼乐园利用了人们对这些卡通形象的固有认知，在现实世界中创作出一个虚幻的空间，让各年龄层的游客都能和自己熟悉的卡通形象亲密接触，打破日常生活的规则，按照虚幻世界的逻辑尽情体验一番只有在梦幻中才能拥有的感受。这是一种需要以游客心理认同为前提的高级体验感。心理认同通常很难在短期内形成，而迪士尼乐园将人们在孩童时根植于内心的卡通形象具象化，使人们产生心理认同，从而获得良好的体验。

2. 打造IP护城河

迪士尼乐园造梦体验成功，背后的核心是迪士尼公司近百年对卡通电影的深耕。其在百年间创作的卡通形象深深植根在每一代人内心深处，以至于如今人们一谈论卡通电影，下意识地就会联想到迪士尼。迪士尼公司卡通电影强大的IP属性使得其他人很难染指属于迪士尼公司的市场空间。在面对极少数行业挑战者时，迪士尼又通过收购的手段，将皮克斯动画工作室、漫威影业等拥有强势IP的公司收入旗下，确保了其自身在动画IP领域绝对的垄断优势，依靠

IP 的垄断优势攫取了市场中的超额利润①。

3. 形成文旅产品矩阵

迪士尼不仅通过电影与乐园两大产业深刻地影响着消费者，也利用强势 IP 植入了生活的方方面面，将品牌的影响力渗透到现实生活。消费者几乎每天都能接触到涉及迪士尼 IP 的各类型产品。从小到文具中的铅笔、橡皮，再到日常穿着的衣物都有迪士尼的卡通形象，甚至连家用汽车都出现了迪士尼联名款。这不仅仅让使用者逐步认同卡通形象所代表的人格特征，体验到迪士尼品牌所带来的使用愉悦感，更在潜移默化中积累了品牌的影响力，使之深深根植在消费者的意识之中。

4. 与地方文旅良性互动体验

上海迪士尼乐园自开园伊始就成为上海旅游的新地标，不仅自身是文化旅游体验的平台，同时也依托当地其他优质的文旅资源形成共振，打造出了属于上海独有的文旅体验感。自 2016 年开园后，旅游流网络中心势指标就不断提升，在良性互动中带动了上海东方明珠、上海野生动物园这两个上海核心景区的客流量②。最终形成了游客在上海既能体验如梦似幻的童话世界，又可以感受到国际化大都市独有魅力的独特体验之旅，使得上海文旅产业的整体推广迈上了一个新的高度。

（二）中华恐龙园围绕 IP 的体验

受到上海迪士尼乐园的冲击，2016 年以后，国内主题公园普遍出现营收负增长。但在一众本土主题公园中，中华恐龙园却表现抢眼，逆势实现营收正增长。2018 年，常州中华恐龙园以 27.9%的增幅，成为亚太地区前 20 名主题公园中游客数量增速最快的企业③。

---

① 马瑞青. “新六大”电影公司“权力的游戏”：“互联网+”背景下好莱坞“新常态”格局的竞争分析［J］. 北京电影学院学报，2020（6）：36-47.

② 蔚海燕，戴泽钒，许鑫，等. 上海迪士尼对上海旅游流网络的影响研究：基于驴妈妈游客数字足迹的视角［J］. 旅游学刊，2018，33（4）：33-45.

③ 许晓音. 以高质量发展助力常州打造旅游明星城市［N］. 常州日报，2019-10-2（B2）.

通过分析中华恐龙园的运营模式，我们尝试寻找出其作为本土主题乐园成功的主要因素。

1. 更加贴近中国消费者的习惯

与国外品牌的主题公园相比，中华恐龙园更加了解国内消费者的消费习惯。对于想体验主题公园乐趣又注重性价比的国内消费者来说，中华恐龙园在价格上格外具有吸引力。在体验品质上差别不大，性价比环节又极具优势，这给了旅游者物超所值的体验感。

2. 为品牌构建 IP 壁垒

虽然中华恐龙园的 IP 建设与迪士尼这样的国际品牌比较仍然存在不小的差距，但和本土其他主题乐园相比却拥有着绝对的优势。恐龙园始终围绕着恐龙这一主题进行园区建设，同时成立数家文创公司，从事 IP 开发工作，打造了恐龙主题的卡通电影、数字化产品及各类日常生活用品。这些附加着恐龙园 IP 的产品既实现了价值变现又融入了人们的日常生活，变相地推广恐龙园，进一步巩固了中华恐龙园在本土主题公园 IP 领域标杆性的地位。

3. “科普+体验”的独特模式

中华恐龙园在打造适应本土的体验模式中，创造性地在主题公园游乐的基础属性上融入科普的概念，形成了“科普+体验”的体验模式。恐龙一直是深受孩子们喜欢的动物，中华恐龙园将恐龙的古生物学的科普通过寓教于乐的方式体现在园区的各个体验环节上，让孩子们不仅享受游乐的快乐，也能从游乐中享受获取知识的快乐。从最初中华恐龙馆的标本实物展示模式发展到如今“恐龙基因研究中心”所采用的全景剧情叙述的模式，中华恐龙园为游客打造了沉浸式体验与科普完美结合的互动体验。

（三）故宫文创成为网红

制作精良、富有故事性的文创产品，更容易引起消费者的认同，并使消费者产生价值上的共鸣。这成为文创产品能够撬动文旅体验感的特征。故宫博物院自 2013 年开展了“把故宫带回家”设计大赛后，开启了故宫文创的“网红”之路①。仅仅用了5年时间，故宫就将文创产品年销售额从1.5亿元扩大到15亿元，实现了近10倍的增长。本文通过剖析寻找这种现象级成功背后的原因。

1. 依托自身藏品实现IP创新

故宫博物院作为国内最大的古代艺术品文博单位，馆藏数量庞大的艺术珍品，为文创产品提供了足够的设计基础。设计者将传统审美的元素融入日常生活用品，创作出实用功能与传统艺术审美融合的文创产品，伴随着消费者的持续使用提供持久的愉悦体验，使消费者获得了审美情趣上的满足。

2. 依托“互联网+”的体验

故宫文创产品的火爆得益于“互联网+”模式的用意：利用现代互联网平台与传统行业相融合，创造新的发展机会。微博平台热搜的故宫美景照片、在视频平台热播的纪录片《我在故宫修文物》等内容都在互联网用户中形成了良好的口碑②。原本需要鉴赏者具备一定的修养，通过近距离观察文物才能参与的审美过程，在互联网平台以直观且通俗易懂的方式展现出来后，极大地降低了理解艺术的门槛，普遍被互联网用户接受，尤其吸引了年轻群体的互联网流量，并在年轻人的现实生活中形成了一股新的时尚潮流。

（四）乌镇的成功及“乌镇模式”的失败

嘉兴乌镇在新建之初就明确以“历史遗产保护与再利用”为主题，规划了乌镇古镇保护和旅游开发的整体发展方向：通过修复保护当地建筑群，以原汁原味的水乡风貌展现其文化底蕴③。经过多年的经营，乌镇如今已成为享誉海内外的古镇旅游胜地。

---

① 李银寥. 600岁故宫的“网红”IP养成记［J］. 出版人，2019（1）：98-100.

② 石佳. 社交媒体时代纪录片的逆袭：以《我在故宫修文物》在“B站”的意外走红为例［J］. 采写编，2021（4）：188-189.

③ 刘刚，王兰. 乌镇文化旅游开发中的历史保护与再利用［J］. 时代建筑，2014（2）：30-33.

在乌镇旅游成功的影响下，国内许多地区开始复制“乌镇模式”。一时间，国内类似的古镇文旅项目遍地开花。当热潮退去后，只有少部分项目获得了成功，多数项目经营惨淡。本文通过对乌镇成功与一些复制失败的案例进行对比，寻找出二者之间的差别。

1. 生造景区

乌镇一直保持着古镇的传承，直至进行文旅项目开发时，才将本地居民迁出，因而完整地保留了古镇真实的风貌。开发时坚持了修旧如旧的原则，并向周边乡镇征集了大量古建筑材料用以修缮，保证了古镇的原汁原味，让游客在游览时真切地感受古镇的魅力①。反观国内跟风的文旅项目，通过人为生造的景区通常不具有古镇的人间烟火气息，缺失了这一古镇文旅最核心的竞争力，就难以使游客获得良好的体验。

2. 同质化严重，竞争环境恶劣

同质化的建筑风格、介绍文案，甚至连售卖的各类纪念品都高度重合。大量的复制破坏了整个古镇文旅的生态。面对有限的消费需求，为了获取利润，不少古镇商家甚至采取恶性竞争的手段，最终必然演变成劣币驱逐良币，破坏了市场环境，在游客中形成了较差的口碑。如今游客为了避免旅游的体验感不佳，在面对知名度较低的“特色古镇”时，往往持谨慎选择的态度。

3. 文化角度的定位缺失

乌镇在建设之初就定位于给世人展示一个真实江南古镇的风貌。因此在文旅开发的过程中格外重视对历史遗产的保护，赋予乌镇文化传承的使命。反观失败的古镇文旅案例，大多没有明确的定位，只是依靠游客的猎奇心理。缺失了文化上的定位，无法叙述具有文化底蕴的古镇文旅故事，自然无法营造良好的体验感。

4. 缺乏有效运营管理

许多古镇文旅项目往往在建设初期投入了大量资源，而一旦基

---

① 郑世卿，王大悟. 乌镇旅游发展模式解析［J］. 地域研究与开发，2012，31（5）：85-94.

础设施完工后，因管理缺位，逐渐由管理混乱发展为无序经营。乌镇在运营管理上精耕细作的态度也是其保持成功的因素。例如，乌镇在西栅项目的开发中就创造性地规划了民宿，统一安排景区工作人员入住，既节省了景区的运营成本也避免了个体经营民宿者“宰客”的情形。此外，乌镇将景区内商品定价权放在景区管理者手中，限定商户只售卖特定的商品。这样既避免了商户间的同业竞争，也避免了景区内天价商品的出现。优秀的运营与管理，既给游客带来了良好的古镇旅游体验感，又带给商户可观的利润，还给文旅项目本身积攒了良好的口碑，不断带来客源，形成良性循环，最终实现景区、商户、游客三方共赢的局面。

四、镇江大运河文旅推广可以学习的成功经验

（一）做大体验经济的蛋糕、分享成果

镇江大运河文旅的推广要想营造良好的体验感，离不开政府对各类文旅资源的前期投入。过硬的基础设施建设，是进行后续一系列推广工作的基石。然而，文旅基础设施的投入往往需要巨量的资金，回收成本又需要相当长的时间周期，这无疑是增加了政府投资的风险性。立足于镇江的实际情况，大运河文旅推广可以适度借鉴国内外成功经验，适时引入 PPP（即公共私营合作制，是指政府与私人组织之间合作建设城市基础设施项目）、BOT（即“建设—经营—转让”，是基础设施投资、建设和经营的一种方式）等政府与社会间的投资模式，在让渡出一部分收益的同时也让资本分担一部分风险，总体上实现社会收益的最大化。

（二）充分挖掘大运河的文化遗产，打造自身 IP

通过案例分析，不难发现，IP 建设在为消费者带来良好的体验感中起了至关重要的作用。京杭大运河自古以来就是漕运的重要枢纽，在漫长的历史时期中，逐渐形成了沿岸独特的文化特色。可将这些散见于民间生活的大量文化信息充分挖掘整理，再通过艺术加

工形成大运河文旅的IP。例如，具有一定知名度的镇江锅盖面就与大运河有着千丝万缕的联系。在镇江人的饮食习惯中，以面食为主食的比例远要高于周边城市，这与漕运业的繁荣息息相关。北方的饮食习惯通过运河交流到了镇江地区，与本地饮食文化相结合，创新出了锅盖面的独特风味。通过对锅盖面文化的加工与推广，可形成属于大运河文旅饮食文化的IP。利用游客对饮食文化的体验感能够更好地助力大运河整体文旅产业的推广。

（三）顺应时代发展的趋势进行文旅推广

社会生产力的发展推动了一系列社会关系的变革。过去推广宣传更多依赖于电视与纸质媒介。如今，互联网时代的到来造就了层出不穷的宣传手段：从早期互联网平面广告，逐渐发展成兼具内容与适读性的软文宣传及电影、电视剧的植入。例如电影《非诚勿扰》中一句“西溪且留下”的台词，看似平平无奇，却在现实中带动了杭州西溪的文化旅游项目，甚至连同当地的房地产业也因电影的上映而变得空前火爆，这一隐形的广告成为杭州在文旅项目推广宣传中的经典案例。

随着信息技术的进一步发展，个人Vlog、直播平台逐渐成为新兴的传播媒介。这种全新的模式也成为助力文旅推广的手段。曾被央视报道过的导游诸鸣在抖音平台拥有近千万的粉丝量，其直播与短视频对浙江的文旅推广产生了积极影响。在推广大运河文旅产业时，可充分借鉴这些成功经验，鼓励本地区文旅从业人员紧跟信息网络发展的方向，创作优质的短视频等，利用抖音、B站等流量平台，宣传推广大运河的文旅，加深人们对运河文化旅游的认知。

五、结语

镇江自古钟灵毓秀、人杰地灵，聚集了丰富的文旅资源，这成为推广大运河文旅的基石。建议利用好这些资源，结合当今社会发展的趋势，在网络科技与新兴技术的支持下另辟蹊径，把握好文旅产业的增量市场，开辟属于自身的“蓝海市场”，避免与周边城市直接竞争“红海”的存量市场；通过不断创新，使大运河文旅推广焕发全新的活力，从而推动大运河文化带整体建设的高质量发展。

内涵功能利用

大运河镇江段研学旅行研究

徐　琪*

习近平总书记在2017年2月视察大运河森林公园时指出，“要古为今用，深入挖掘以大运河为核心的历史文化资源”。同年6月，他对建设大运河文化带作出重要指示：“大运河是祖先留给我们的宝贵遗产，是流动的文化，要统筹保护好、传承好、利用好。”可以说，这是我国迈上全面建设现代化国家新征程赋予大运河传承历史文化的新使命，如何将大运河有效、有趣地融入历史文化及优秀传统文化的传承中去，已成为时代命题。

大运河文化是特点鲜明、魅力独特的优质文化，其中蕴含的爱国主义精神、非物质文化、古迹遗址、码头文化等资源，是非常优质的研学旅行资源，要充分利用好。挖掘大运河文化资源开发研学旅行，对于保护大运河、传承大运河文化有着重要的现实意义，是贯彻落实习近平总书记在2020年11月考察扬州三湾运河生态文化公园时关于“共同保护好大运河，使运河永远造福人民”讲话精神的有效实践。此种游学形式，既能够作为青少年学生素质教育的有效补充和实践，也可以作为面向社会全年龄段终身学习的有益尝试。

本研究以大运河镇江段研学旅行为突破口，融入大运河镇江段鲜明的文化元素，将教育活动与旅游体验合二为一，为带动大运河镇江段文化旅游知名度，丰富镇江文化旅游品牌内容做了初步的思

* 徐琪，江苏科技大学助理研究员，研究领域：文旅融合发展。

考和研究，以期为大运河的文化传承及发展大运河文化产业提供些思路和方法。

一、大运河镇江段研学旅行的研究背景及意义

（一）研究背景

保护好、传承好、利用好大运河文化是弘扬中华民族优秀文化的迫切需求，尤其在大运河成功申请为世界文化遗产后，更是上升为国家战略。大运河是中华民族流动的血脉，是凝聚了中国智慧的文化遗产，是向世界讲好中国故事的重要素材。作为珍稀的世界文化遗产，保护大运河文化不仅需要保护运河及其周边的自然生态景观、水工及附属设施和聚落与建筑景观，还需要保护运河背后的深层文化内涵。2014 年 6 月 22 日，中国大运河经第 38 届世界遗产委员会会议批准列入《世界遗产名录》，至此，大运河正式拥有了世界遗产的身份，成为世界公认的文化符号和人类共同守护的文化财富。中国政府恪守《世界遗产公约》及其操作指南的有关要求，给予大运河最好的保护，2019 年 2 月中共中央办公厅、国务院办公厅印发了《大运河文化保护传承利用规划纲要》，指出了大运河文化保护传承利用的重大意义，要求各地区和部门充分挖掘大运河文化资源，保护传承利用好大运河，将大运河保护传承利用的任务上升到党中央、国务院作出的重大决策部署层面。

为加强对大运河江苏段的保护、开发和利用，江苏省市各级政府出台了一系列措施。2017 年 8 月，江苏省旅游局、省发展改革委出台《大运河江苏段旅游发展规划（2017—2030）》，启动大运河旅游江苏段的整体开发利用的伟大工程。2018 年 4 月，大运河文化带建设研究院成立大会在南京召开，运河沿线的徐州、宿迁、扬州、镇江、常州、苏州等多地成立分院或研究中心，致力于大运河文化带专项研究与建设。这是建设强富美高新江苏战略的一个重要部分，大运河文化旅游将成为江苏旅游的重要项目，探索运河活态文化的

保护、传承和利用是目前及今后一段时间内江苏省市的一项重要工作。

研学旅行是一种全新的中小学生寓教于游的教育形式和旅游新业态。它以青少年学生为主体，根据区域特色、学生年龄特点和各学科教学内容需要，组织学生通过集体旅行，集体食宿的方式走出校园，在与平常不同的生活中拓宽视野、丰富知识，加深与自然和文化的亲近感。自 2013 年 2 月以来，国家教育和旅游等相关部门连年印发了《国民旅游休闲纲要（2013—2020 年）》《中小学学生赴境外研学旅行活动指南（试行）》等系列文件，研学旅行连续四年成为教育部的年度工作要点。此外，教育部于 2020 年在高职院校新增“研学旅行管理与服务”专业，表明国家对研学旅行研究的重视程度越来越高，研学旅行是否能成为今后我国素质教育的一个重要实现路径值得探究。

（二）研究意义

大运河体现了我国古代水利建造工程的最高水平，是前人留下的宝贵遗产，其精湛巧妙的建造工艺，特色鲜明的沿运文化，繁荣发展的沿岸经济，对当时及后世社会发展都产生了巨大影响。大运河文化是研学旅行完美的教科书，是学生们在课堂上单从文字中无法体会到的。围绕大运河开展研学旅行，能够让青少年更加了解并实地感知大运河起源和演变等相关历史、运河的民风民俗及其背后的文化内涵，这不仅是保护和传承大运河文化的形式之一，更是将我国历史文化、优秀传统文化等化作优秀的思想政治教育课，进入青少年们的耳里、脑里和心里。少年强则国强，同样，只有少年理解保护大运河、传承大运河文化的重要性，大运河及其所蕴含的大运河文化才能在中华大地上继续流淌。

千年运河作为线性世界遗产，众多不可移动的物质文化遗产遍布运河两岸，对推动促进沿岸城市大运河文化旅游产业的发展起到深远的影响。中国大运河镇江段遍布丰富的文化遗产资源，具有独特的文化魅力和突出的旅游开发价值，若能以此激活“运河基因”，对大运河镇江段研学旅行进行深入研究，是在新时代国家发展大背景下，对祖先留下的宝贵遗产的有益探索，是对大运河文化的传承和有效利用，更是一种为保护大运河进而深入挖掘其文化内涵的有趣尝试。

大运河镇江段研学旅行研究是镇江旅游文化品牌建设的重要部分，其成熟发展能够提升镇江文化旅游知名度，对丰富和完善镇江“三山一渡”旅游品牌具有重要的现实意义。将大运河文化置于研学旅行中，符合习近平总书记提出的“大运河是祖先留给我们的宝贵遗产，是流动的文化，要统筹保护好、传承好、利用好”的总体目标。置入大运河文化能够有效增强研学旅行的深度。

研学旅行的目标群体主要为青少年学生，青少年学生是社会主义现代化强国的主要建设者，通过大运河研学旅行的新兴游学形式，可培养青少年的爱国主义精神，厚植文化自信，提升中华优秀传统文化的保护和传承的可持续性，由此看来，研学旅行是保护、传承和利用大运河文化的重要途径之一。

二、大运河镇江段研学旅行现状分析

（一）大运河研学旅行研究的两个阶段

大运河研学旅行研究，可以 2014 年申遗成功前后为界，分为两个阶段。第一阶段，大运河研究和研学旅行基本处于分别研究状态。现代研学旅行是 2013 年国务院办公厅印发的《国民旅游休闲纲要（2013—2020 年）》提出的新名词，自提出以来，学者们分别从研学旅行的内涵特性、市场分析、资源和目的地及产品或课程开发设计等方面展开研究。2014 年以前，大运河研究更侧重于环境整治、河道疏浚等自然景观治理和研究，缺乏对运河文化的深入挖掘，大运河研学旅行研究更是鲜有提及。

第二阶段，大运河文化和研学旅行融合研究。大运河申遗成功后，学者们更加注重大运河文化的内涵研究，研学旅行研究也呈上升势头，连续多年被列为教育部重点工作。在文旅融合的新时代背景下，研学旅行的研究重点也逐渐从传统观光型向文化体验型旅游方向发展，旅游者逐渐重视在旅游中的文化熏陶，大运河文化成为其优质的旅游资源。研学旅行是对传承、保护好大运河文化的良好实践，而大运河文化其中蕴含的爱国主义精神、中华优秀传统文化精神，是研学旅行优秀的素材。

（二）大运河镇江段研学旅行研究现状

笔者在查阅文献的过程中，在中国知网以“大运河”“研学旅行”为主题词进行搜索，发现文章 14 篇，其中直接相关文章仅有 9 篇。这 9 篇文章中，大运河江苏段研学旅行研究最多，包括常州段、扬州段 3 篇文章，另有北京段和济宁段文章共 2 篇，以大运河博物馆开展研学旅行的相关文章 2 篇，另有 2 篇是对当前大运河文化和研学旅行融合的整体性研究和综合性分析，而且以上文章均发表于 2019 年之后。通过搜索文献的情况，就能够直观地发现，目前学者们对大运河文化与研学旅行融合研究尚处于初级探索阶段，而大运河镇江段研学旅行的研究更是鲜有文献报道。

难道大运河镇江段就没有适合开展研学旅行的资源吗？实则不然，大运河镇江段是江南运河的开端，是江南运河与长江交汇之节点，自古以来都是南北水运交通中的重要航道，而随着运河经济兴起的镇江古城，也具有深厚的文化和历史底蕴。大运河镇江段文化的脉络最早可追溯至春秋时期，彼时各诸侯国混战，相互讨伐，及时运输军械、士兵和粮草成为迫切需求，这便成为当时各国开凿人工运河的开端，今日镇江属旧时吴地，但由于山丘较多加大了开凿运河的难度，故吴国当时就避开了今镇江一带运河的开凿，这虽然推迟了镇江融入运河体系的进程，但自古就具有王气的镇江，引起了秦始皇的注意，秦始皇在南下出游经过今日镇江一带时，为泄王气，决定开凿水道。该水道由丹徒口进入长江，接通北面的邗沟，向南至丹阳接入今日南面的太湖水系，镇江也据此成为南北交通网的重要组成部分，其作为水路交通的枢纽地位也逐渐具备雏形。后经过汉代、魏晋南北朝的发展，镇江成为向北扼守长江的军事要地，其水路航道的畅通尤为重要，历朝君主都十分重视修建并完善运河体系，通过建筑桥梁、堤坝等配套设施来促进其水路航道的通畅，当时镇江的经济水平也随着航运的兴盛而逐渐提升，其作为水路交通的枢纽地位已基本确立。隋唐到宋，是大运河镇江段的成熟期，610 年，隋炀帝重新疏浚并拓宽了长江以南的运河古道，即今日的江南运河，镇江作为江南运河的起点，经济持续繁荣，文化不断融合，成为当时东南地域的重要城市，其作为水路交通的枢纽地位已基本形成。至清朝中后期，镇江运河因为清末漕运的停运而渐渐走向衰落。

千年流淌的运河文化已深深融入镇江城的血液中，其蕴含的漕运文化，涉及衣食住行各方面的非物质文化，南北交汇融合的政治文化、商业文化、社会文化等，都是留给后人的宝贵财富，也都是研学旅行的重要内容。镇江市教育局于 2020 年 12 月组织镇江第一外国语学校七年级选修《江河交汇 千年运河——大运河镇江段古今城市》校本课程的学生和家长们开展了社会实践活动，并邀请大运河文化带建设研究院镇江分院专家陪同讲解，活动从镇江方志馆出发，途经京口闸遗址、京口节制闸、上河街等地，并重点参观了西津渡地区的文化遗址遗迹，通过此种方式，学生和家长能浸入式地感受镇江运河文化和魅力，这不失为研学旅行的有益探索。

（三）目前研究存在的问题和不足

1. 缺乏针对性，研究多流于形式。研学旅行的学术研究存在教育性缺失、专业性不强和流于形式等问题，且传统的、笼统的运河旅游开发研究对于指导研学旅行缺乏针对性。另外，大运河镇江段文化旅游内涵挖掘不够深入，尚未完全形成大运河镇江段文化旅游体系。

2. 缺乏融合性，研究多关注个性。目前研究多局限于教育学或旅游学思维，缺乏跨学科视阈的思考，将二者相结合的研究鲜有报道。仅有刘聪聪[1] 和姜海君[2] 分别以大运河北京段和扬州段作为研究对象，开发研学旅行课程，但大运河镇江段与北京段、扬州段两者均存在差异。如何针对大运河镇江段的独特性，结合研学旅行特点，将旅游学和教育学的理论交叉融合起来，细致和精准地研究大运河镇江段研学旅行的内涵意义及课程设计，亟待进行。

3. 大运河文化旅游吸引力不大，旅游产品课程化质量不高，旅游产品设计创新性不强。大运河文化旅游等产业深度开发不够，目前多用常规的图书馆、博物馆和主题公园等资源，而且多以讲解、游览为主，不能激发研学旅行者的情感共鸣，更难以吸引青少年学生愿意学、乐意游。

4. 大运河镇江段研学旅行的巨大潜力有待挖掘。大运河文化带建设的提出，为江苏省沿线城市发展带来了新机遇，如扬州市充分利用大运河文化，建立扬州三湾运河公园、扬州中国大运河博物馆；苏州试点建设大运河国家文化公园，打造环古运河健身步道和运河风光带等，这不仅可以更好地保护大运河，增强人民对大运河关注度，也是践行新发展理念，落实江淮生态经济区省级战略的有效实践。大运河镇江段区位独特，与长江十字交汇，南北运河交界，浓缩了镇江文化的精髓，具有丰富的文化资源。近年来，镇江对古运河风光做了一些建设工作，更多侧重于河道疏浚、绿化美化等工程，对大运河文化挖掘得不够，缺乏代表性项目引领，重大文化项目支撑，导致镇江大运河文化带的社会文化带动作用和旅游推动作用没有得到充分彰显，与周边兄弟城市有一定差距。但差距就是潜力，大运河镇江段作为吴头楚尾文化带的代表，有被列入国家、省、市三级保护名录的非物质文化遗产 110 余项，如镇江恒顺香醋酿造技艺、镇江水晶肴肉制作技艺、传统戏曲和民间舞蹈等独特而有代表性的文化遗产，将研学旅行作为切入点，可以点带面，推动大运河镇江段文化产业发展，丰富镇江文化旅游品牌资源。

三、大运河镇江段研学旅行的具体建议和措施

前文已较为具体详细地说明了大运河镇江段所蕴含的研学旅行

的文化与教育资源，下面从四个方面开展大运河镇江段研学旅行的研究，为大运河镇江段研学旅行提出具体的建议和措施。

（一）将大运河文化置入研学旅行的耦合性剖析

1. 大运河文化置入研学旅行的政策分析。研学旅行可被认为是旅游中的一种方式，而且其本身已经是文化和旅行的融合，加之大运河的双重文化价值，二者的融合具有极其有力的政策基础。从政策转型的角度来看，文化和旅游二者之间经历了从过去点状结合到如今线性融合的转变。中国特色社会主义已经进入了新时代，习近平总书记在党的十九大报告中指出，我国社会的主要矛盾已转化成为人民日益增长的美好生活需要和不平衡不充分的发展之间的矛盾。他指出，要坚定文化自信，深化文化体制改革，完善文化管理体制，加快构建把社会效益放在首位、社会效益和经济效益相统一的体制机制。十三届全国人大一次会议表决通过了关于国务院机构改革方案的决定，批准设立中华人民共和国文化和旅游部，其职责之一就是统筹规划文化产业和旅游产业，组织实施文化和旅游资源普查、挖掘、保护和利用工作，促进文化产业和旅游产业发展。文化和旅游部的成立，破除了以往制度断层、职责不明确等壁垒，开启了文化与旅游相互融合发展的局面，为实现文化与旅游的深度融合提供了有力的制度和机制保障。以往的“点状结合”，多是具体的文化和旅游产业双方间的合作，还基本处于经济产业的内部合作，此时期的政策文件也规定了各自领域的发展范畴及措施，故二者的结合相对机械。而文化和旅游部的成立，从顶层设计的角度表现出文化和旅游针对价值观念、经济发展、社会效益等路径实现的线性融合，表现出了文化和旅游的深度融合。

2. 大运河文化置入研学旅行的价值耦合。大运河文化置于研学旅行研究的目的是实现社会效益、经济效益的相统一，以丰富教育形式，传承运河文化，以及更好地满足新时代人民对美好生活的期待和对教育的需求。大运河文化与研学旅行在社会发展中都有自身的价值含义。大运河顺流而下，承载了中华儿女的千年文化，具有独特魅力，沿线的不同地域形成了不同特色，这种差异对旅行者本身就具有了极大的吸引力，加之其中的自然风光、建筑遗址及蕴含的文化精神都是研学旅行的核心吸引力。研学旅行继承和发扬了我国自古就有的“游学”方式，虽然目前学术界对于研学旅行的定义尚未完全统一，但其狭义和广义的含义基本形成。狭义的研学旅行特指是由学校组织，面向学生，以开阔视野、学习知识等为主要目的活动。广义的研学旅行可覆盖全年龄段，是指出于求知的目的，前往异地开展学习、旅行等活动。无论狭义还是广义的研学旅行者，都能够在大运河研学旅行中找到自身的研学需求。在文旅融合的背景下，旅游方式已经由传统的观光型旅游开始逐渐转向具有文旅体验的旅行，旅游者期待在旅行中接受及获得文化知识的意愿更加强烈，这种趋势本身就已经为研学旅行的发展创造了时代背景，大运河文化融入研学旅行这一鲜明的文化元素，更加使得二者价值融合得相得益彰。

3. 大运河文化置入研学旅行的效能耦合。随着研学旅行纳入中小学教育教学计划的逐步推行，研学旅行的普及性势必会越来越高，将其作为大运河文化传承的载体，无疑再适合不过，除了价值上的契合外，大运河文化置于研学旅行也能实现效能的耦合。在国家层面上，嵌入大运河文化的研学旅行，定会成为保护好、传承好、利用好大运河文化的重要途径，对教育相关部门而言，将大运河文化教育融入研学旅行中来，能有效增强教育的趣味性，提升教育效果；在社会层面上，以研学旅行为载体，打造具有当地特色的运河文化，能丰富文旅发展维度，对树立城市的旅游品牌，提升经济活力，发展旅游产业等方面均具有非常强大的正向促进作用。学校也可以运河文化为内容，拓展素质教育途径，实现人才培养高质量；在个人层面上，通过研学旅行的方式来认识、了解和保护大运河，远比从书本上学来的知识更有氛围感和画面感，可以从中收获更多的愉悦感和更大的满足感。

（二）大运河镇江段研学旅行资源的研究与开发

一般而言，旅行地越具有地方性或者地域性，就越能给人跨越文化或者异文化的体验，大运河自北向南流经数十个地区，每个地区都有各自地域的文化特点。大运河镇江段地处长江与江南运河的交汇处，其中蕴含的独特的运河文化前文已做了详细介绍，此处不再赘述，仅针对大运河镇江段适合作为研学旅行资源的文化进行探讨。

1. 文化遗产资源。作为“运河城市”的镇江，在其2200余年的历史进程中，形成了一大批极富有价值的物质文化遗产和非物质文化遗产。（1）水利工程遗址。大运河镇江段有多处航道、堤坝、渡口等水利工程遗址，包括镇江市区古运河段、上容渎、破冈渎等的航道遗址；虎踞桥、宝成桥、谏壁闸等处的桥梁堤坝遗址；还有西津古渡、招商局码头、京口驿站等渡口、码头遗存，以及元代和宋代的粮仓遗址等。镇江市辖区这些丰富的运河水利工程遗址遗存，是研学旅行中丰富的实践教育资源。（2）文化历史遗存。镇江是扼守苏南地区的屏障，自古以来都是兵家必争之地，由此形成的文化历史遗迹和遗存等十分丰富，如京口铁瓮城、晋陵罗城、镇江府城、丹阳古城、太平天国新城等遗址遗迹；再如甘露寺、焦山定慧寺、超岸寺、金山寺、清真寺等庙宇或庙宇遗址，以及昭关石塔、城隍庙戏台等文化遗迹；遍布在运河沿岸的历史文化街区、新河一条街，如著名的西津渡历史文化街区、英国领事馆旧址等历史遗迹。（3）非物质文化遗产。处于两大河流水系交汇处的镇江，以其独特的地理位置在中国历史的演进与朝代的更迭中扮演了重要角色，镇江人民也因此创造出了特色鲜明的地域文化，至今仍在传诵的音乐歌曲、典籍传说，至今仍在沿袭的工艺技术、生活民俗，以及嵌入镇江人民骨子里的民风气概，已然成为镇江这座江南运河起点城市的魅力标签，如著名的丹阳泥塑、句容秦淮花灯、茅山道教音乐、镇江恒顺香醋酿造技艺、镇江水晶肴肉制作技艺、镇江锅盖面制作技艺、镇江江鲜菜制作技艺等，这其中有7项被列入国家级非物质文化遗产名录，25项被列入省级名录，80项被列为市级名录。

2. 大运河镇江段蕴含的精神力量。（1）优秀传统文化的精神标识。大运河不仅是伟大的水利工程，更是承载中华文化基因的大动脉。古时文人墨客汇聚镇江，留下了大量千古流传的诗句，在中小学要求背诵的课本诗词中，地理位置清晰的城市，出现最多的就是镇江，如北宋王安石的《泊船瓜洲》、唐代王湾的《次北固山下》、王昌龄的《芙蓉楼送辛渐》，这些铭记在国人心中的著名诗句均出自此。在北固楼的顶层，展示着百首描绘古镇江的诗词，其中一半以上，都与运河水系相关。大运河是源远流长的中华文化持续发展的核心体现，从古诗词中，即可探寻运河流淌的优秀传统文化及其中蕴含的精神力量。（2）自强不息的奋斗精神。2200 多年前开凿的这条对世界具有重要意义的大运河，是中华儿女认识水、利用水的伟大杰作，古人凭借着自强不息的奋斗精神，人工开凿了这条贯通南北的水利工程，凭借着一代又一代劳动人民的顽强毅力与艰苦劳作，靠着一代又一代治水人民的智慧胆识，让这条千年运河流淌至今仍然生生不息。（3）爱国主义精神。在长达 2200 余年的发展历程中，运河在国家统一、城镇变迁和贸易交流等方面都曾发挥过重要作用，对加强中央集权、维系中国大一统局面具有重要的政治功能。隋唐以后的封建王朝，能够凭借大运河优越的地理位置、人文环境来平衡南北发展进而统治全国。近代史中，是在大运河嘉兴南湖的游船上，播撒了共产主义的火种；“湖上小延安”——微山湖，激励了近代青年投入祖国建设的浪潮中去，这些资源虽不在镇江段，但都是与大运河一脉相承，是中华民族实现伟大复兴进程中的重要资源，是中华民族文化自信的重要资源，是社会主义现代化强国建设道路上的重要资源。

（三）大运河镇江段研学旅行的课程设计与线路研究

研学旅行课程的设计应遵循四项原则，即教育性、实践性、安全性和公益性。此外，大运河镇江段研学旅行还应该具有“文—教—行”融合、特色鲜明、可持续性强、易推广等特点，针对以上内容，本文基于终身学习的思想，在广义的研学旅行概念基础上，进行大运河镇江段研学旅行的课程设计与线路研究。

1. 小学、初中和高中阶段。《研学旅行服务规范》（LB/T 054-2016）（以下简称《规范》）明确指出："参与研学旅行，小学一至三年级以乡土乡情为主；四至六年级以县情市情为主；初中年级以县情市情省情为主；高中年级以省情国情为主。"以最近发展区理论为理论基础，以《规范》为指导，以大运河镇江段特点为载体，制定大运河镇江段研学旅行课程的目标：小学阶段主要欣赏运河风光，了解运河人家的民风民俗，熟悉运河小故事，以激发小学生对运河文化的兴趣，四年级之后，开始逐渐学习运河历史故事、典籍，体会运河水源保护重要性，培养其科学精神等；初中阶段可学习漕运、盐运文化，探究水闸、船闸等的技术应用，了解运河对镇江城市、江苏省发展的重要影响，进一步深化对大运河历史遗存的认识，并提升运河水质检测、环保技术等实践能力；高中阶段要学习大运河的政治功能，了解大运河与国家经济、历史文脉、城镇变迁等的关系，深入体会大运河蕴含的中华优秀传统文化、爱国主义精神等，学习保护、传承、利用大运河的策略等。

在构建课程中，充分发挥大运河镇江段特色和优势，建立起基于物质文化、社会文化和精神文化的课程体系，依据各年级研学旅行课程目标，整合大运河镇江段的自然景观资源、水利工程资源、历史文化资源、运河文化精神等内容，为课程内容提供实景空间。在课程情境驱动中，注意明确课程目标，融合实景空间构建吸引学生们的情境驱动，合理设计路线，结合情境所处地点预先完成次序规划。

要特别注重研学旅行课程的执行阶段，此阶段为大运河镇江段研学旅行的核心内容，学生的学习目标、学习成果均在此阶段完成。研学旅行中，老师只做引导与必要的讲解工作，然后带动学生进入情境，驱动学生的探索性，突出学生的主体作用，从而激发学生的主观能动性，促进学生在探索和求知的过程中，构建自身知识体系、提升思考能力，提高技能实践水平。

以上设置目标、课程构建、情境驱动和执行阶段都是相互联系的部分，需要在制定与执行的过程中相互配合形成正反馈循环效应，以便更好地完成研学旅行课程。

此外，要注意研学课程的成果分享与交流，此环节可以形成有效的评价机制，鼓励学生通过书法、绘画、演讲、表演等方式展示研学感悟，丰富研学旅行成果，多方面提升学生素养。在展示的同时，可以从中发现研学过程中易忽视的问题，并反馈到课程设计中去，以此巩固正反馈内容，逐步提升研学旅行课程质量。

2. 分年龄段进行研学旅行路线设计。习近平总书记在庆祝中国共产党成立100周年大会上庄严宣告：“经过全党全国各族人民持续奋斗，我们实现了第一个百年奋斗目标，在中华大地上全面建成了小康社会，历史性地解决了绝对贫困问题，正在意气风发向着全面建成社会主义现代化强国的第二个百年奋斗目标迈进。”在向下一个百年目标奋进之年，学习和奋斗已成为时代主旋律，“撸起袖子加油干”“幸福都是奋斗出来的”成为网络热句，“终身学习”已成为社会各阶层人民迫切的内在需求，将大运河研学旅行拓展至全年龄段，既能丰富终身学习内容，也能拓宽大运河研学旅行范围，一举两得。本文结合大运河镇江段的地域与文化特色，提出如下“私人订制”研学旅行路线：

（1）主题型研学旅行路线。此类研学旅行围绕大运河镇江段文化的主题开展，如“诗词西津”主题，可以跟着诗词去研学，从北固山上的北固楼遥望“天下第一江山”，吟诵流传千古的诗词歌赋，再到镇江段古运河畔沉浸式体验流淌的悠悠诗句，可以让研学者在访名山踏河水的过程中感受大运河镇江段承载的爱国情怀和优秀传统历史文化。如“运河拾遗”主题，可以寻着运河畔的遗迹遗址，感受这个享誉世界的水利工程的伟大，走进并了解大运河水利工程，体会并感悟千年运河开凿、运行与治理中蕴含的伟大的奋斗精神。如“浪漫润州”主题，可充分挖掘镇江古往今来众多浪漫唯美的爱情故事，如梁祝传说、白娘子爱情故事和水漫金山典故等题材，带着研学旅行者一同感受爱情文化的浪漫与魅力，成为独具镇江特色的研学旅行名片。再如“寻古探今”主题，可通过对大运河的“前世今生”进行游览、探讨和学习，增强研学旅行者对大运河的全方位认识。

（2）目标型研学旅行路线。可针对不同群体的研学旅行者需求，订制研学旅行路线。如针对大学生等青年游者，注重文化体验的同时，加强前文已述的运河知识输入，做到研、学、旅、行并重；针对摄影爱好者等游者，注重以图片视角挖掘运河文化；针对年长游者，着力进行运河风光民俗体验，在研、学的同时，更加偏重于旅和行；针对亲子游者，可适当加入非物质文化遗产部分，增强动手性和互动性，在研学旅行的同时，增进亲子关系。

（四）基于镇江市文化旅游品牌建设下的大运河镇江段研学旅行品牌建设初探

截至2021年8月31日，镇江市共有2家AAAAA级旅游景区，7家AAAA级景区，11家AAA级景区，具有丰富的文化旅游资源，其中金山、焦山、北固山旅游景区和西津渡文化街区构成镇江市“三山一渡”的品牌文化旅游名片，可以说，“三山一渡”就是大运河文化旅行的主要内容，将大运河镇江段研学旅行纳入镇江市文化旅游品牌建设，打造“三山一渡一研学”的新名片，符合镇江文旅品牌内涵且能更大化发挥文旅融合效应，能够增强镇江市在“宁镇扬”城市圈和长三角地区的旅游竞争力，进一步促进文化旅游产业发展。

综合上文研学旅行课程的设计，针对不同群体构建不同主题、不同形式的研学旅行路线，可针对性地融入镇江市已成熟的文化旅游品牌中去，如由原来金山文化艺术节和金山文化旅游节整合形成新的“中国镇江金山文化艺术·国际旅游节”，可在“一个城市的文化温度”的主题上进行呼应，展示“运河拾遗”“浪漫润州”等研学旅行项目，创新旅游节形式，以此为契机将大运河镇江段研学旅行项目纳入镇江市文旅品牌建设中去，向市民、游客推广大运河研学旅行的新形式。

四、结语

大运河文化是特点鲜明、魅力独特的优质文化，其中蕴含的爱国主义精神、非物质文化遗产、古迹遗址、码头文化等教育资源，更是非常优质的研学旅行资源。利用大运河文化资源开发研学旅行，对于保护大运河、传承大运河文化有着重要的现实意义，是贯彻落实习近平总书记在2020年11月考察扬州三湾运河生态文化公园时关于“共同保护好大运河，使运河永远造福人民”的讲话精神，也是青少年学生素质教育的有效补充和实践。本文充分利用大运河镇江段的独特性，打造大运河镇江段研学旅行品牌文化，并将其融入镇江文化旅游品牌建设中去，对提高大运河镇江段的研学旅行吸引力，深入挖掘大运河镇江段的爱国主义教育、中华优秀传统文化教育等资源，提升青少年学生对中华传统文化的认可度，增强青少年的文化自信，厚植爱国情感，提供了研究内容，为大运河的文化传承及发展大运河文化产业提供了一些思路和方法。

参考文献：

[1] 刘聪聪. 大运河北京段线性文化遗产研学设计与实施 [J]. 中学地理教学参考，2019（12）：76-79.

[2] 姜海君. 大运河扬州段研学旅行课程开发研究 [D]. 南京：南京师范大学，2020.

镇江运河史校本课程开发与实践教学研究

——以镇江第一外国语学校为例

杨　莉*

一、研究的缘起

（一）关于镇江运河

古城镇江历史文化底蕴深厚，诸多地方学者及海内外学者对镇江的研究从未止步。镇江运河开凿以来到中国大运河申遗成功，从博物馆到百姓生活，运河与镇江城市发展有着密不可分的关系。严其林在《镇江史述》中，对镇江的运河开凿做出了简单的说明①。当下镇江已设有镇江市大运河文化带建设研究中心，并出版有《镇江大运河历史文化研究征文论文集》，镇江博物馆2020年加入“大运河博物馆联盟”，将开设运河相关文化展示厅，同时镇江高等专科学校也设有名为“吴越门户 江河交汇”的镇江大运河文化展示馆前置展，以上这些对镇江运河的研究、保护、开发将愈加专业、科学。同时央视纪录片《远方的家》大运河专题片自2020年开播以来，获得好评的同时也推动了人们对运河知识的了解，其中，镇江运河被拍摄了三集，每集时长40分钟，可见人们对镇江运河的关注也不断加强。

---

* 杨莉，镇江第一外国语学校历史老师。

① 严其林. 镇江史述［M］. 长春：吉林文史出版社，2006：91.

众所周知，历史学科涉及古今中外的知识，对提高学生文化修养、促进道德品质发展有重要意义。在实际教学中，部分学生对历史知识缺乏思考，课上氛围沉闷，教学效果不够理想，这与教学手段落后有重要关系。因此，教师实施多元化教学，增强学生感悟，促进学生对知识的反思，可以有效提高学生课堂效率。同时，习近平总书记提出了一系列关于保护好、传承好、利用好大运河文化带指示批示精神，国家印发《大运河文化保护传承利用规划纲要》，充分挖掘大运河丰富的历史文化资源，保护好、传承好、利用好大运河这一祖先留给我们的宝贵遗产，打造大运河文化带，是新时代党中央、国务院作出的一项重大决策部署①。中华优秀传统文化“深藏着表现于共同文化上的共同心理素质，这便是所谓民族精神。学习、研究中国文化，正是我们认识自己、把握中华民族精神的可靠途径”②。因此，开发镇江运河校本课程可以培养学生爱国、爱家乡的乡土人文情怀，同时可以引导学生不仅在课堂上学习历史知识，还在校外不同场景下继续学习，如在镇江运河发展过程中的漕运文化可以在参观京口闸和谏壁闸时学习，并了解在历史发展过程中，运河对于镇江发展的重要性，明确镇江在沿海沿江地带上的重要城市地位。历史的学习可以跨越时间空间，利用当下的多种资源和手段，拓展学生知识的获取方式方法。

（二）关于校本课程

《基础教育课程改革纲要（试行）》提出：实行国家、地方、学校三级课程管理，增强课程对地方、学校及学生的适应性③。“校本课程”最先出现于英、美等国，至今已有20多年的历史，在传入中国以后，适逢我国正在进行课程改革，于是，校本课程也成了课

---

① 中共中央办公厅 国务院办公厅.大运河文化保护传承利用规划纲要[EB/OL].(2019-05-09)[2022-01-17].http://www.gov.cn/xinwen/2019-05/09/content_5390046.htm.

② 张岱年，方克立.中国文化概论［M］.北京：北京师范大学出版社，2004：8.

③ 教育部.基础教育课程改革纲要(试行)[EB/OL].(2001-06-08)[2022-01-17].http://www.moe.gov.cn/srcsite/A26/jcj_kcjcgh/200106/t20010608_167343.html.

改重点之一。刘旭东、张宁娟和马丽等人在编著的《校本课程与课程资源开发》一书中指出，校本课程的出现在国际上有三种看法：

从校本课程的存在形式来看：校本课程伴随学校教育的产生而产生。在古代，学校课程很大程度上是由学校自己决定的，课程中占主导地位的是校本课程。

从校本课程的思想产生来看：20世纪70年代，在西方发达国家开始出现校本课程的思想，认为校本课程本质上是基于校本课程开发的民主决策过程，即校长、教师、课程专家、学生及家长和社区人士共同参与学校课程计划的制订、实施和评价活动。

从校本课程概念的出现来看：在1973年召开的一次“校本课程开发”国际研讨会上，菲吕马克（Furumark）和麦克马伦（Mcmullen）首次提出校本课程的概念。①

开发使用校本课程是教育应对新时代挑战的一种积极回应，是贯彻落实中央《关于深化教育改革全面推进素质教育的决定》的必然要求，是学校充分发挥办学优势和办学特色，落实国家教育政策，促进学生身心健康发展，促进社会和谐发展的一项基础性工程，伴随着“双减”政策的出台，校本课程的未来发展不可小觑。

二、历史校本课程开发的原则

（一）地方传统特色原则

历史校本课程一般依据地方历史、地理、乡土民俗或者是学校的历史传承而开发。它承载着人们对家乡历史学习和传承的责任，历史校本课程的开发与利用，就是要弘扬地方特色资源，将地方文化传播到当代学生心中去，包括自然环境、旅游资源、基础设施和地方名人，教师可以开发具有地方特色的校本课程，在点滴细微中讲述镇江历史的变化。镇江运河史的内容丰富而广泛，我们在开发

① 王纬，王妍莉．中学校本课程开发与实施［M］．兰州：甘肃人民出版社，2016：5.

校本课程时不可能面面俱到，需要去粗取精，对内容进行筛选。只有将最精华的内容呈现出来，才能突出地方特色。让学生在自己熟悉的环境中学习家乡的历史，从而发展学生的思维，培养学生的家国情怀，提高历史学科核心素养。

（二）创新综合性原则

镇江运河史来源广泛，涉及方方面面，如历史地理、政治经济、文学艺术等。在收集镇江运河史料时，必须尽量多地占有相关学科的资源，形成一个综合性的资源库，对相关资料进行有机的整合，让学生对这一领域的知识有一个完整的了解。“城因河而兴，此后数千年岁月中，镇江随大运河体系的发展而兴盛。”① 通过对镇江运河史的学习，参与社会实践活动，培养学生的组织活动能力和社会责任感。在这个过程中需要融入新课程理念，运用研究性学习、校本课程、平板教学、融合课程、翻转课堂等多种课程模式，引导学生从新的角度和领域关注家乡，在未来自我成长与发展的过程中，让学生也可以实现参与家乡建设的愿望。

（三）客观性原则

无论是研究社会科学还是自然科学，必须满足客观性原则。镇江运河史内容庞杂，为了让学生对这段历史有全面准确的认识，在开发校本课程时就要力求客观公正。在收集镇江运河史课程资源时，我们会发现内容多、来源杂，包括可信度较高的正史、地方志、档案、史迹、遗迹等，还有许多故事和传说等。在教材编撰和教学过程中，呈现给学生的史料必须加以筛选，做到真实可信，同时，还要在校本课程教学过程中，教授给学生一些辨别史料真伪的简单技巧，否则就会忽视重点，混淆是非，徒增学生课业负担。因此，我们必须选择最贴近教学内容的可信史。这些在义务教育课程阶段也是必不可少的一项工作，因此可以将基础教育和校本课程教学两相融合。当然校本课程绝不是传统历史教学课程的延伸，两者是完全不同的。

---

① 于锋．没有运河 就没有镇江［J］．北方人（悦读），2020（1）：25.

三、镇江运河史校本课程开发与实践教学的实施

（一）镇江第一外国语学校的特色及课程实施条件分析

镇江第一外国语学校是2013年成立的一所全日制民办学校。学校强调“小班化教学，精品化课程，国际化视野，现代化手段，生态化环境，智能化校园”的办学特色。重视学生综合素质培养是学校办学特色之一，校本课程开发与实践教学百花齐放，各年级都有研究性学习的校本活动，学校在时间和空间上给予学生充分的自由与选择。学生从一进校就开始接触研究性学习的教学模式，以小组合作为依托，在平时教学中培养学生资料整理、小组探讨、个人意见呈现、总结发言补充等能力，他们有极大的兴趣投入历史学科校本课程教学中，发挥主观能动性，与小组同学共同完成自己制订的计划。

学校教师队伍充满朝气和活力，教师团结协作、拼搏进取，素质高能力强。良好的教师素质，也为开发镇江运河史校本课程奠定了基础。

（二）对镇江运河史课程资源的调查，古今视角探讨千年运河史

在当下教学过程中采用了多种调查方法，让学生们在学习运河历史时通过自身小组合作调查获得校本课程的一些基本素材。主要的调查方式有三种：一是对镇江运河及沿岸城市现状进行实地考察；二是通过文本查阅、网上电子阅读等方式进行文献检索；三是请有关专家授课指导。

调查的主要范围大致确定：大运河的由来，古代运河沿岸的物质文化和精神文明发展等。首先对镇江运河历史文化进行实地考察，采集现场图片资料；其次对运河历史、沿河建筑、饮食文化等进行调查研究；最后调查运河的旅游资源、生态环境及对现代经济社会发展的影响。近年来，我们阅读了大量关于运河的书籍，收集了大量研究介绍古运河的论文资料，组织学生进行考察活动，多次请专

家授课指导，在镇江现存的大运河相关历史遗迹周边进行现场学习，课后鼓励学生与家中长辈沟通，从自身的角度探索地方特色，以历史的视角和现代社会发展的视角开展学习。

（三）实施“运河文化”课堂教学探索

按照新课改的要求，从七年级开始，我们开设了“镇江运河史”校本课程，一边编撰校本教材、制作课件，一边组织授课和实践活动，采取课内外相结合的形式。每讲一遍都进行总结，边实践边完善。从学科教育要求的知识与能力、过程与方法、情感态度与价值观三个维度入手，重视加强对学生过程性管理，探索学生发展性评价，尝试改变传统被动接受式教学方式，追求“自主、合作、探究”的教学方式，师生互动，和谐发展。

（四）设计课程结构，编写特色课程教材

在调查的基础上，我们将大量材料进行反复研究后，确定课程由九个模块组成：一是运河概述；二是古运河镇江段历史与镇江城市变迁；三是镇江大运河考古工作与研究；四是历史上镇江著名人物及与江河相关的诗词；五是京杭大运河申遗过程与海外关联；六是未来镇江运河的发展和城市影响；七是参观学习相关遗址遗迹及运河地区；八是实践，参观运河相关专题展览；九是课程成果展示，包括绘画、剧本、视频、诗词、创作。课程结构分成课堂教学与实践活动两部分。通过课堂教学让学生了解运河的历史和现状，掌握知识；通过理论学习和实践活动，充分培养学生的家国情怀，达到爱国爱家乡的目的，激励学生努力学习，建设家乡、报效祖国。九个章节的初稿已形成，并在不断完善之中，未来的目标是完善教学资料，最终印刷成册，制作成为学生的校本教学素材读本，便于学生学习，远期的目标是能够公开出版发行。

（五）走出学校，校外实践

校本课程“主要内容应来源于师生在共同生活中通过转化与生

产而来的情境性知识”①。校本课程的开发不仅应该考虑“什么样的内容最有价值”，更应该关注学生的生活情境及学生的文化需要。我们每学期都组织了校外实践活动（见图 1、图 2、图 3）。

图 1　学生参观镇江高专“镇江大运河文化展示馆前置展”

图 2　学生参观陆小波故居、宋元粮仓遗址

图 3　学生参观丁卯桥

---

① 叶波．“地域”还是“境域”：校本课程开发中知识选择的思考［J］．教育发展研究，2015（6）：54.

校内授课和校外实践课结束后，在学期末，学生将对本学期的课程做课程设计，拟定的形式有绘画、剧本、视频、诗词、文学创作等。学生每学期校本课程结束的同时需要将自己对校本课程的学习进行反馈，其中的精彩反馈，比如诗词，绘画，PPT介绍等都可进行整合排版，整编进入校本教材中。

四、镇江运河史校本课程开发存在的问题

（一）缺乏完善的评价机制

“教育评价具有强大的导向功能，有什么样的教育评价，就有什么样的教育实践及学生发展。”① 课程评价作为课程研究和课程建设的有机组成部分，在整个课程体系中占有十分重要的地位；因为它不仅是课程设计与实施的有效保障，也是课程设计与实施持续、科学发展的源源不断的动力；同时，对于整个课程改革也起到了激励、监督、调节的作用。而目前存在的问题主要有以下几个方面：

首先，缺乏对学生的评价。在教育部规定的初中课程中，国家课程目前对学生的评价体系较为完善，而校本课程具有地方色彩和学校特色，难以形成相应的课程评价机制。我校镇江运河史校本课程就面临这样的尴尬局面：无法判断学生的需求，以便规划更加适合学生的教学，如何对校本课程学生学习情况进行评判，也存在诸多疑惑。由于学生学习同一门校本课程的时间为一个学期，第二学期会选修其他校本课程，所以无法达到长远的循序渐进的学习。然而学生既然学了这门课，就应该有相应的学生评价机制，才可以使花了精力开发的校本课程发挥积极的作用。校本课程学业水平评价不能和国家课一样，应根据学校的实际情况和学生的掌握情况，以

① 夏正江．我们的教育评价能促进学生发展吗？［J］．教育发展研究，2011（2）：35-42.

及课程的实施方式，建立其独特的评价机制。虽然在校外实践过程中，对镇江大运河重要相关的地点进行了参观并对结果做出了评价，并设置小型比赛让学生互动，但是学生还是无法快速熟练掌握这些地点，整体框架结构特别是地理地图概念还未得到预想中的完善。在课程结束学生作品反馈时（见图4），作品样本不多，作品类型由于学生擅长不同无法统一。那么，如果在正常的课堂中增加校本课程内容，是否可以在试题中有针对性地添加相关考试内容？如果校本课程属于研究性的学习范畴，是否可以使用综合实践报告法给出合格、不合格或者优秀、良好的评价？前者是定量评价，后者是定性评价。建立有效的学生评价机制，可以使学校、师生更加重视校本课程的教学。

图4　学生校本反馈部分展示

其次，缺乏对教师的评价。校本课程的设置是否合理，课程目标如何设置，对教学内容内涵外延的选择尺度，科学性、实用性等如何检测，如何检验教师在课程实施中的效果，以及如何进行调整和改进，使课程更加符合时代要求和学生个体发展需要，是我们在实施校本课程教学中遇到的困惑。现实情况是，课程开发的目标是否合理、教材是否实用等都没有明确的结果，因此也缺乏对历史教师的评价和考核机制。从根本上讲，缺乏高层次理论水平教育专家、地方史专家的指导和帮助，课程的开发仅仅依靠一个学校的教师自身努力，力量是不够的。学校对课程给予大力支持，但缺乏对历史教师的评价和考核。完善教师的评价机制，才能更好地激发教师的工作积极性。镇江运河史校本课程的开发研究工作才刚刚起步，后续的研究工作还要进一步跟进，也期望得到领导和专家更多的支持、指导和帮助。

（二）综合实践活动开展难度大

对于校本课程而言，合理运用“综合实践活动”是拓宽学生对课程理解的良好方式之一，综合实践活动可以加强学生与生活的联系，使学生可以全面认识并且体验与自然、社会、自我的内在联系，培养学生的实践能力，同时也是一项提升学生综合素质的活动。综合实践活动鼓励学生自主选择，以学生的需求和兴趣为中心，充分发挥学生的主动性、积极性和团队合作精神，培养学生的创新能力和实践能力。校本课程的实施必须给予学生综合实践活动的机会。但是，综合实践活动的实施，往往会遇到以下几点难题：一是组织困难。综合实践活动一旦开展，不仅是将学生带出去，还需要考虑到综合实践活动的流程，涉及人员组织、时间选择、车辆安排和安全保障等问题，虽然在本次研究中进行了三次综合实践活动，但是在通知集合时间地点之后，由于部分学生迟到，导致集体实践的时间被耽搁，综合实践项目被压缩。另外，由于安排校车出行，需要协调学校的校车时间，如果计划于某一特定时间出行，需要同学校校车进行多次协商，同时与学校其他活动校车需求进行磨合。二是资金问题。既然要进行综合实践，出行对于基本的水资源采集及综合实践所需要的实践用品比如指南针等都需要做考虑，虽然我们拥有 pad 作为教学辅助用具，可为了方便学生更直观地了解运河水系、河道走向及运河风貌等，还需要使用航拍摄像等一些技术辅助用品。由于资源缺少，在对于河道走向这一实践问题上，我们在教学过程中仅使用了视频图片等帮助分析。三是家长协调问题。在很多家长眼里，综合实践活动是"吃力不讨好"的活动，老师不能强求，使得校本课程实施"叫好不叫座"。我校在校本课程实施的过程中，由于老师们的坚持，虽然没有中断，但实践次数有限，时间也较为短暂，在有限的时间里难以开展多项实践项目。当然在仅有的时间次数里，老师们付出了相当多的时间和精力，克服了许许多多的困难，组织学生基本完成了资料收集整理、完成教材初稿，组织学生走出校门开展实践教学活动，源于教师的立德树人、爱岗敬业的初心和坚守。综合实践活动是开展校本课程教学的重要手段，不仅能加强教师与学生、学生与学生之间的联系，为学生的个性发展提供一个开放的空间，更能够让学生有机会学习一些课堂和书本之外的知识，最终完善校本课程的开发和校本课程教材编撰。

五、结语

镇江运河史校本课程是一门综合实践课程，"综合实践活动是国家课程计划中独立设置的课程"①。对于镇江运河的历史沿革进行学习和探究归纳，培养学生通过网络获取知识的主观能动性；充分利用互联网资源及实地考察资源，借助实践探索，明确"实践是检验真理的唯一标准"，将课堂带入生活，在生活中开展历史教育教学；将历史教学校内课堂和校外实践进行结合，结合博物馆馆校合作及校本课程开发两种途径和手段，改变传统的历史知识学习方法，古

① 李臣之. 综合实践活动课程开发［M］. 北京：人民教育出版社，2003：49.

今结合，从而探索出校本课程开发及历史多元化教学的方法，对传统课堂进行升级，对课本知识进行横向和纵向的双重拓宽，结合历史学科教学特点，广泛、深入地开展历史教学方式方法的探索和研究，在创新中寻求校本课程开发的新途径。校本课程也是对本地现有的历史文化进行再运用的一次探索，运用现有的乡土历史，佐以现代教育方式和技术，传递给学生一种新的学习方式方法和观察历史与事物的视角。

大运河镇江段酸雨污染的影响研究

殷思敏　戎旭峰*

中国大运河由京杭大运河、隋唐大运河、浙东运河三部分构成，全长近3200千米，开凿至今已有2500多年，是中国古代劳动人民创造的一项伟大工程，是世界上长度最长、规模最大的运河，展现出我国劳动人民的伟大智慧和勇气，传承着中华民族的悠久历史和文明，是一部书写在华夏大地上的宏伟诗篇。2014年6月，“大运河”成功入选《世界遗产名录》，申遗成功不是终点，如何加强大运河文化遗产的保护才是重要的起点。

一、选题立项的背景及目的意义

深入贯彻落实习近平总书记的重要指示批示精神，充分挖掘大运河丰富的历史文化资源，保护好、传承好、利用好大运河这一祖先留给我们的宝贵遗产，打造大运河文化带，是新时代党中央、国务院作出的一项重大决策部署。[1] 2019年2月，中共中央办公厅、国务院办公厅印发了《大运河文化保护传承利用规划纲要》（以下简称《规划纲要》），清晰勾勒出大运河文化保护传承利用的路线图、任务书和时间表，为大运河沿线发展谋篇布局。《规划纲要》从强化文化遗产保护传承、推进河道水系治理管护、加强生态环境保

* 殷思敏，江苏省镇江环境监测中心高级工程师，研究领域：生态环境；戎旭峰，镇江国有投资控股集团中级工程师，研究领域：生态环境和企业管理。

护修复、推动文化和旅游融合发展、促进城乡区域统筹协调、创新保护传承利用机制等6个方面着手，分6个章节阐述了各方面重点工作、重点任务和重要措施。

其中大运河生态环境保护修复专项规划，旨在改善大运河沿线区域生态环境质量，实现生态环境保护和文化传承相互融合，为推进区域协调发展、绿色发展和高质量发展提供有利契机。专项中重要任务有：强化生态空间保护与用途管制、建设绿色生态廊道、保护修复自然生态系统、强化流域水污染防治、积极防范环境污染风险、推进环境治理现代化建设。

大运河镇江段的生态环境是大运河价值不可分割的重要组成部分，是大运河文化带存在的基础、背景和条件。近年来，随着工业化、城镇化的快速推进，大运河沿线地区污染物排放量增加、农业面源污染问题突出、部分河段水质不能稳定达标等一些复杂的环境问题日益凸显，已严重危及大运河作为世界文化遗产和中华文明“金名片”的宝贵形象，以及沿线人民群众对于美好生活的愿望和向往。生态环境监测是大运河生态环境保护修复的重要部分，大运河通用监测主要指标有：河道水质等级监测、自然环境气象情况（降雨量、酸雨、大气污染）、社会环境污染排放控制情况等。

大运河传承着中华民族的悠久历史和文明，保护大运河是运河沿线所有地区的共同责任。大运河镇江段的生态环境质量，是实现生态环境保护和文化传承相互融合，推进区域协调发展、绿色发展和高质量发展的有利契机。实施大气、水、土壤污染综合治理，需整体提升运河沿线环境质量，加强农业环境综合整治，整合优化环境质量监测点位，对大气、水、土等进行重点监测。其中大气污染中的酸雨污染对大运河镇江段的影响不容小觑，其危害一直备受各国政府和科学家的重视，且严重危害大运河生态环境质量，表现在大运河的大气圈（成因、大气环境）、水圈（水环境、水生生物）、岩石圈（岩石矿物、建筑材料）、土壤圈（土壤生态、陆生生态）。酸雨监测是镇江环境监测中心的重要日常工作，从监测点位选择、布设、监测评价，全面反映酸雨污染现状、时空分布特征、溯源解析，并提出改善对策，从而更好地修复和改善大运河生态环境，努力把大运河打造成山清水秀，绿色宜居的“美丽运河”。

二、镇江市酸雨污染的现状及溯源解析

镇江市地处江苏省西南部，位于长江下游南岸，长江三角洲顶端，宁镇—茅山低丘陵地带，属于亚热带季风气候，呈现冬季干冷、夏季湿热、四季分明的气候特征。[2] 镇江是水资源较为丰富的城市，长江和大运河在这里交汇，秦淮河、太湖流域西北部、长江下游三个水系在这里聚集。

大运河在镇江境内包括两个分支：一段是穿城而过的古运河；另一段为苏南运河。古运河是历史上京杭运河（江南运河）的一部分，西起主城区入江口的京口闸，东抵谏壁三汊河口，全长 16.92 千米，至今仍在担负着城市防洪排涝、调节水位、传承文脉和游览观光等多种功能。苏南运河镇江段，以谏壁入江口为起点，全长 42.6 千米，流经谏壁镇、辛丰镇，穿过丹阳市区、陵口镇及吕城镇，是镇江市与太湖湖西水系的纽带。东西向有鹤溪河、永丰河、中心河、胜利河、战备河及香草河等；南北向有九曲河、丹金溧漕河、通济河、简渎河。经过多年建设，上述诸河均已相互联通，交织成网，共同承担引水排洪和通行任务。

（一）镇江市酸雨污染现状

酸雨是指 pH 值小于 5.6 的雨、雪或其他形式的降水。雨、雪等在形成和降落过程中，吸收并溶解了空气中的二氧化硫、氮氧化合物等物质，形成了 pH 值小于 5.6 的酸性降水。镇江市降水监测点位为 8 个，监测频次为逢雨必测。

1. 2011—2020 年酸雨发生率

“十二五”期间镇江市酸雨发生率较高。“十三五”期间，由于控制二氧化硫和氮氧化物的排放，使用低硫煤、节约用煤等措施，

镇江市酸雨发生率基本在10%以下。

2. 2011—2020年降水酸度

降水pH值基本呈现逐年上升趋势，降水酸性明显减弱，由此可见，镇江市酸雨问题逐渐得到改善，污染程度呈减轻趋势。

3. 2011—2020年降水化学组成

降水的化学组成反映了降水的污染特征，降水的酸度主要取决于无机酸，二氧化硫和氮氧化物是发生酸雨的主要前体物，排入大气后经过一系列光化学反应过程，致使降水中的硫酸根、硝酸根浓度升高，影响酸雨污染的程度。镇江市酸雨正由硫酸主导型向硫酸与硝酸混合型过渡，污染也由煤烟型污染向煤烟型与机动车尾气复合型污染转变。

（二）镇江市酸雨污染的溯源解析

酸雨的形成是一个复杂的大气化学和物理过程，是地形地貌、气象条件、酸碱性物质等因素共同作用的结果。它主要来源于燃煤等释放、汽车尾气排放、烟花爆竹的燃放、其他工业生产和生活污染。[3]

1. 地形地貌、气象条件

镇江市独特的地理位置与环境气候，不便于大气污染物扩散。镇江市重污染企业相对比较集中，基本分布在城市的上风向，风向影响污染物的水平迁移和扩散方向，且不断将污染物向下风向输送，从而对下游地区产生影响。

镇江市降水呈现一定的季节变化特征，降水频次及降水量主要以夏秋季较高，春冬季较低。酸雨发生率、降水酸度主要以春冬季较高，夏秋季较低。主要是由于春冬季多为阴天，大气层相对稳定，污染物不易扩散，冬季以北风为主，存在周边城市污染迁移输送，且二氧化硫和氮氧化物在降水中的溶解度随温度降低而升高，饱和浓度升高，加之春节期间存在烟花爆竹污染排放。夏秋季，雨量较大，SO_2和NO_2在降水中的溶解度随温度升高而降低，夏秋季风速快，大气中各种污染物的稀释和扩散增强，因此酸雨较少。

2. 污染源排放

降水的化学成分反映了其污染特征，“硫酸根/硝酸根”比值呈逐年下降趋势。硫酸根当量浓度下降，是由于控煤减排效果显著。硝酸根致酸作用逐年增强，表明大量机动车和大型锅炉为代表的氮氧化物排放增加，机动车的持续快速增长，加之日益严重的交通拥堵，导致机动车氮氧化物排放量持续增加；同时火力发电与工业过程中化石能源的燃烧排放氮氧化物。

三、大运河镇江段酸雨污染的影响研究

根据《大运河文化保护传承利用规划纲要》中关于大运河生态环境保护修复专项规划要求，镇江市多方治理，打造水清岸绿的生态河。优化空间方面：开展古运河风光带建设、金山湖整治等生态环境治理工程。治理环境方面：改善河道水系资源条件，完善污水管网，进行水质监测。修复生态方面：实施运河沿线退耕退渔、还林还湿地等系统工程，诸多政策保障大运河水环境质量，逐步打造可赏、可憩的生态亲水长廊。大运河生态环境主体为水环境质量，但空气环境质量、土壤环境质量也与大运河沿线带息息相关。

雨水是连接大运河沿线的大气、水质、土壤、生态生物的重要环节，如何理清酸雨污染对大运河文化带发展的影响，鲜有相关的文献研究，初探除大运河水质监测以外的酸雨监测内容与大运河发展之间的关系显得尤为重要。

（一）对大运河水环境的影响

大运河水涵养丰富，酸雨会直接造成水域酸化。酸雨中的酸性物质通过土壤渗透及直接进入水体的方式，造成水体酸化，破坏水体的缓冲平衡，从而引起水体一系列物理、化学和生物变化，最终导致水中元素的含量、形态和生物有效性发生改变。当酸雨的酸度太大时，硫酸根的增加会导致各种形式的碳减少，硝酸根的增加会导致其他形态的氮减少，使得水体中营养物质组成发生变化，同时

会影响水体中的重金属的水解平衡、络合平衡等，增加了大运河水体的毒性。

（二）对大运河水生生物的影响

酸雨进入大运河水体后，水中的有机物一方面会随着pH值降低对水生生物的毒害加大，另一方面容易穿透水生生物的生物膜进入机体，破坏机体的正常新陈代谢。酸雨淋溶土壤及底泥中的重金属，使水体中的重金属含量增加，对生物体的穿透力升高，增加了毒性。酸雨使水体酸化后，大大降低了磷的生物有效性，使得藻类群体营养不足，直接影响以藻类为饵料的软体动物发育。酸性水体会阻碍鱼类血氧运输，使血液黏度明显增加，导致血液循环崩溃；低pH抑制了鱼类胚胎的新陈代谢，影响鱼类的繁殖和生长；鱼类食取了高重金属含量的水体和藻类，导致重金属积累而中毒。可见，酸雨会对大运河水生生物造成毒性危害。

（三）对大运河沿边土壤的影响

大运河沿边土壤有酸缓冲功能，但持续的酸雨会破坏缓冲平衡。酸雨会造成土壤矿物质中营养元素氮、磷的流失，贫瘠化后植物难以正常发育而枯萎。酸雨淋溶土壤降低酶的活性，引起微生物代谢活性降低，抑制大运河土壤生态平衡。

（四）对大运河沿线农作物影响

大运河沿线是我国较富庶的农业区之一，大运河促进了沿线农田灌溉和农业技术交流。酸雨对沿线的农作物会造成急性危害，引起植物叶表面产生伤斑，或者直接使植物叶片枯萎脱落甚至整株死亡。酸雨对沿线的农作物也会造成慢性危害，使植物叶片褪绿，虽无明显外部症状，但损坏了生理机能，同时抑制了农作物的生长，减弱了农作物对病虫害的抵抗能力，造成农作物产量下降品质不佳。特别是小麦，在酸雨影响下，可减产20%左右。

（五）对大运河沿岸岩石及建筑物的影响

大运河镇江段遗存资源丰富，在镇江古运河河畔有90余处的文化遗产，包括江河交汇处、宋元粮仓遗址、昭关石塔、镇江英国领事馆旧址等6处全国重点文物保护单位，以及冷遹旧居、新四军江南指挥部旧址、练湖闸等20余处市、县文保单位。大运河镇江段有堤坝遗址（如丁卯埭）、桥梁遗存（如丁卯桥遗址）、涵闸遗存（如京口闸）、津渡（如西津古渡）、码头（如江边码头）、驿站（如京口驿）遗址、古城遗址（如三国京口铁瓮城）、庙宇遗址（如金山寺）、交通古迹（如京岘山古道）、历史遗迹（如广肇公所）等。

丰富的大运河遗存，会不同程度地被酸雨侵蚀。酸性物质会通过岩石中的微裂纹渗透内部，造成溶蚀而使岩石松散和脆弱。酸雨对金属、石料、木料、水泥等建筑物，特别是对大运河不可移动的文物有很强的腐蚀作用，会致使表面硬化水泥溶解，出现空洞和裂缝，导致强度降低，从而加快腐蚀损坏，缩短建筑物的寿命，造成大运河遗存资源的破坏。比如希腊帕提侬神庙的女神像，由于酸雨的淋蚀，女神像变得乌头垢面、衣衫褴褛。

（六）对大运河陆生生物的影响

城以水兴，大运河流经之地往往繁华，不仅宜业更加宜居，人们生长在大运河边，居住在沿河两岸。酸雨污染直接危害大运河沿边的陆生生物健康，酸性物质会刺激眼角膜，引起眼睛红肿；会刺激呼吸道黏膜，引起急性和慢性呼吸道损害，轻者引起咳嗽、声音嘶哑等呼吸道炎症，重者可产生呼吸急促、胸痛，甚至可发生肺气肿及肺心病；同时会对人体免疫力系统造成伤害。酸雨会引起水体和土壤中的重金属增加，通过食物进入机体，造成间接的毒性集聚，影响机能健康。

四、大运河镇江段酸雨污染的对策研究

酸雨污染对大运河水环境、水生生物、土壤、农作物、岩石和建筑物、陆生生物等都有较大影响，那么如何能控制降水酸度，是

大运河发展过程中面临的问题。

近年来，通过一系列总量控制措施、大力度实施节能减排和环境整治，全市二氧化硫排放得到有效控制和削减，其他致酸排放物产量减少，酸雨污染减轻。但是大量机动车和大型锅炉为代表的氮氧化物排放呈上升趋势，致酸作用增强。降水如何持续保持良好的状态，需要长期有效的控制。

（一）有效控制酸雨污染的形成

1. 提高能源利用率，改变能源结构，减少污染气体的排放

加强对燃煤的使用限制，严格控制煤炭消费总量，加大天然气供应代替燃煤，淘汰燃煤锅炉，着力推进燃煤锅炉“煤改气”或“煤改电”，限制高污染燃料，采用电、液化石油气等燃料进行过渡；加强化石能源降氮脱硝工艺研究和应用；控制高耗能、高污染行业增长，加快淘汰落后产能，大力发展清洁能源，实现“节能、降耗、减污、增效”目标。

2. 加强机动车污染防治，减少污染气体的排放

建立高污染机动车淘汰长效机制，提高机动车定期检验率和环保标志发放率；提升机动车环境监管能力，加大路查路检力度，限制机动车尾气的排放；对汽车尾气进行控制和处理；加强新能源汽车研发与应用。

3. 建立公众参与机制，倡导绿色消费出行

倡导市民购买低排量的机动车，控制行驶速度，倡导使用公交车、自行车或步行，鼓励人们关注和选择低能耗、低污染和低排放的绿色出行方式。

（二）加强大运河镇江段的保护工作

1. 加强大运河文物遗址的保护

大运河多数石质文物暴露在自然界环境中，酸雨会加速石质文物的侵蚀损坏。最根本的措施是控制酸雨污染，但是控制环境污染不可能一蹴而就，因此可以采用化学方法和物理方法。化学方法是指在文物表面涂抹化学保护层，隔水隔气，但化学试剂容易与石质

产生不确定的化学反应，形成破坏；物理方法是指搭建棚子、隔断玻璃等起到遮风挡雨作用。一般采用物理加化学双重保险的保护方式，来阻隔大运河文物遗址被酸雨侵蚀，同时还能防止其被人为破坏。

2. 开展全面的环境监测评估

酸雨污染涉及大运河生态环境的大气、水、土壤、生物等方面。布局优化、功能完善的大运河环境质量监测网络，以及建立完善的大运河环境质量评价体系，能够客观、准确、真实地反映大运河环境质量状况。同时，加强污染综合治理，可以通过生态链的方式，利用一些植物来自净、美化亲水空间。

参考文献：

［1］张春龙．大运河文化带建设的评价指标［J］．唯实，2021（2）：28-31.

［2］耿勇超，陈佩佩．近 10 年镇江市区酸雨变化分析及趋势研究［J］．环境学导刊，2019（4）：26-29.

［3］朱琳琳．莆田市酸雨污染特征、成因和防治对策［J］．海峡科学，2019（3）：37-39，44.

大运河镇江段的研学旅行发展路径研究

邱小樱*

一、推动大运河研学旅行发展的意义

2013年国务院办公厅发布《国民旅游休闲纲要（2013—2020年）》，提出了在中小学生中逐步推行研学旅行的初步设想。这是我国政府在文件中第一次明确提出“研学旅行”的概念。在此之后，地方也相继公布研学旅行的相关政策，开展实践，研学旅行进入迅速发展时期。2016年11月30日，教育部、国家发展改革委等多部门印发《关于推进中小学生研学旅行的意见》，从纳入中小学教育教学计划、加强研学旅行基地建设、规范研学旅行组织管理、健全经费筹措机制、建立安全责任体系等方面大力推进中小学生研学旅行的发展。在国家一系列政策的推动和引领下，“研学旅行”逐步进入大众视野，获得广泛关注并得到了爆发式增长。

现阶段中小学研学旅行已经成为素质教育不可或缺的一环，是国家战略层面的新兴业态，无论是对学生、学校、国家，还是对旅游及大运河传承保护，都有深远的影响。

从学生层面来看，广大中小学生在研学旅行中实现了玩中学、做中学，将书本知识和生活经验深度融合，获得一定的研究能力、

* 邱小樱，镇江市高等专科学校讲师，研究领域：旅游资源开发和大运河文化旅游。

思考能力和团队合作能力，最终达到知行合一；从学校层面来看，研学旅行有利于促进中小学校素质教育和基础教育改革的实施；从国家层面来看，研学旅行有利于贯彻我国教育改革规划和发展纲要，有利于立德树人，培养学生社会主义核心价值观，使学生了解地域文化和大运河文化，进而培养爱乡爱国的感情，树立文化自信；从旅游层面来看，研学旅行既提升了旅游需求层次，又创新了旅游产品、拓宽了旅游发展空间；从大运河文化保护和传承层面来看，推行研学旅行有利于大运河文化的利用和保护传承；大运河文化与研学旅行的结合，起到了充实研学旅行内容和完善研学旅行主题的作用，有利于打造研学旅行的核心竞争力。

二、大运河研学旅行的相关概念

（一）中国大运河文化

中国大运河文化是大运河自春秋时期开凿以来长期创造形成、发展和流传的各种物质财富和精神财富的总和，是运河流域社会历史的积淀物。它囊括了中国若干个历史朝代的政治、经济、军事、文化等因素，又创造出大运河流域各民族的历史、地理、民俗、风土人情、生活方式、文学艺术、价值观念等因素。

（二）研学旅行

根据2016年教育部等11部门联合印发的《关于推进中小学生研学旅行的意见》，中小学生研学旅行是由教育部门和学校有计划地组织安排，通过集体旅行、集中食宿方式开展的研究性学习和旅行体验相结合的校外教育活动。[1] 研学旅行的主体是中小学生，载体为校外集体旅行、集中食宿方式，借助旅游吸引物，进行研究性学习和体验性教育，以实现提升学生素质、实现全面发展的教学目标。

（三）生活教育理论

美国著名实用主义教育学家杜威提出“教育即生活”的教育理

论，主张学校与社会生活紧密结合，学校与儿童生活紧密结合，对传统教育学派的教育理念进行了深刻的批判，在当时的美国产生了极大的影响。

我国的教育家陶行知先生经过长期对中国教育传统和现实的研究，继承并改造了杜威“教育即生活”的理论，提出“生活教育思想”，认为真正的生活教育必须是“适应于中国国民全生活之需要”的，提倡把整个社会作为学校，将教育放置在人民的生活中，以此大大增加教育的材料、方法、工具。

1935 年 10 月 10 日，在中共地下党组织和陶行知先生的积极支持下，新安旅行团成立。新安旅行团用 17 年艰辛的修学旅行实践“生活教育理论”，这是在国家危亡时期举行的世界研学旅行史上的一次伟大壮举。新安旅行团一方面宣传了抗日主张，加强了民族团结，促进了文化交流，另一方面使学生的生活力得到提升，最终培养了克服困难、磨炼意志、顽强革命的可贵品质，对现今研学旅行课程开发仍具有借鉴意义。

三、大运河镇江段研学旅行资源单体一览表及分类

根据《大运河（镇江段）遗产保护规划》，纳入大运河镇江段管控保护区的大运河遗产及文物保护单位共 33 处，其中全国重点文物保护单位 10 处，省级文物保护单位 3 处，市县级文物保护单位 20 处。因此，大运河镇江段研学旅行资源基本类型丰富、数量多且等级高，为研学旅行的开发奠定了良好的基础。古航道、堤坝、桥梁、涵闸遗存等航道及水工遗存，可以开展考古、艺术赏析等科学研究活动；古城、庙宇、历史文化街区及近代历史遗迹，可以挖掘大运河镇江段的历史；传统文学、传统美术、戏曲、民俗等非物质文化遗产，也拥有较高的研学旅行开发价值，可开展文学历史追溯、文化遗产保护与传承等考察交流活动及对社会经济影响类的探究性学习活动；运河沿岸衍生出的其他文化遗存可开展国情教育、乡情教

育、革命传统教育等社会实践探究活动。大运河镇江段研学旅行资源见表 1。

表 1　大运河镇江段研学旅行资源单体一览表

旅游资源单体名称	分布	景物景观
古运河航段	镇江市区	重要的水上运输航道，独特高岗夹河的两岸景观，人文遗迹
京口闸	镇江市区	北宋元符年间修筑的水工遗址，具有景观价值和泄洪功能的次河道，镇江市区古运河起点
谏壁闸	镇江市区	江南运河主河道的入江口，江南运河第一闸，苏南运河第一标
丹徒闸	镇江市区	镇江市区古运河终点，具有景观价值和泄洪功能
宋元粮仓	镇江市区	宋代转般仓、元代大军仓遗址
石浮桥	镇江市区	单孔石拱桥，桥洞上方“二龙戏水”见证滚滚古运河水
陆小波故居	镇江市区	清代传统民居建筑，镇江市文保单位
山巷清真寺	镇江市区	中国伊斯兰教汉文经籍的刻印中心之一，内存明代万历间李一阳进士所撰修寺碑记
金山	镇江市区	国家 AAAAA 级景区
北固山	镇江市区	国家 AAAA 级景区，天下第一江山
铁瓮城遗址	镇江市区	全国重点文物保护单位，三国孙吴时期的建筑，镇江市区最早的城池，一直是京口、润州、镇江府的治所
西津渡历史文化街区	镇江市区	中国古渡博物馆，始成于三国，历代以来一直是我国南北水上交通漕运的枢纽
镇江博物馆	镇江市区	国家一级博物馆，全国重点文物保护单位，花园式博物馆
伯先路、京畿路民国建筑	镇江市区	镇江文物保护单位，浓郁的民国建筑风情
清代小码头遗址	镇江市区	从唐代到清代不同时期的渡口岸线
京口驿遗址	镇江市区	京江二十四景之一
张云鹏故居	镇江市区	江苏省文物保护单位，清末民初建筑，荣获联合国教科文组织 2000 年亚太地区文化遗产保护杰出项目奖

续表

旅游资源单体名称	分布	景物景观
凌家祠堂及道署衙门	镇江市区	镇江市文物保护单位，清末民初建筑，内有券门碑刻
梦溪园	镇江市区	镇江市文物保护单位，北宋时期著名科学家沈括晚年居住并撰写科学巨著《梦溪笔谈》的地方
虎踞桥	镇江市区	全国重点文物保护单位，江南运河长江入口处现存的第一座古桥，明万历年间所建石桥
宝塔山公园	镇江市区	古运河畔的一座兼具中华园林和日本园林风韵的公园，内有镇江东大门的重要标志——僧伽塔，是赏梅、赏樱好去处
丁卯桥	镇江市区	镇江市文物保护单位，单孔石拱桥，东晋曾立丁卯埭，是文献中江南运河最早的“埭”。清代乾隆、道光年间曾两次修缮
运河广场	镇江市区	位于古运河风光带核心区，“运河之母大型雕塑”是标志性工程，也是镇江目前最大的雕塑
三思桥	丹阳市	丹阳市文物保护单位，清代建造的单孔斜坡式石拱桥，取“三思而后行”之意
警钟楼	丹阳市	丹阳市文物保护单位民国时期城西救火会
正仪坊	丹阳市	丹阳市文物保护单位，明朝所建的三门花岗岩牌坊，意即经过此坊时，要衣冠整齐，注意礼仪
三吕故居	丹阳市	镇江市文物保护单位，清代建筑群，有“一门三大师”的佳话
总前委旧址、三野司令部旧址	丹阳市	江苏省文物保护单位，以邓小平、陈毅为书记的上海战役总前委指挥解放上海大会战的地方
通泰桥	丹阳市	丹阳市文物保护单位，明万历年间所建石拱桥
万善塔	丹阳市	镇江市文物保护单位，古运河畔第一塔，是古运河进入江南的标志，八角七层木柱楼阁式的明代古塔
海会寺藏经楼	丹阳市	丹阳市文物保护单位，建于明万历年间

续表

旅游资源单体名称	分布	景物景观
新丰车站抗日战斗旧址	丹阳市	镇江市文物保护单位，位于大运河与京沪铁路的交叉点，是重要的交通枢纽，是新四军在江南地区第一场攻坚战的发生地
南朝石刻	丹阳市	全国重点文物保护单位，南朝齐、梁两代的帝王、帝后陵墓，与北方的云冈石窟、龙门石窟一道代表了南北朝时期中国石雕艺术的最高水平
大运河义渡碑	丹阳市	丹阳市文物保护单位，建于清朝
运河美食	镇江市区、丹阳市	镇江锅盖面、陵口肴肉面、水晶肴肉、蟹黄汤包、江鲜菜、恒顺香醋、封缸酒、东乡羊肉、吕蒙烤饼
运河民间文学	镇江市区、丹阳市	杜十娘怒沉百宝箱、双渐与苏卿故事、白蛇传传说、董永与七仙女传说、曲阿美酒故事、镇江抗英斗争故事歌谣、镇江工匠传说、镇江商会成立、镇江民国三老、东吴与镇江、《丁卯集》《题金陵渡》《丁督护歌》
运河传统戏剧、曲艺、音乐、体育	镇江市区、丹阳市	京剧、扬剧、丹阳啷当、运河号子、清曲、扬州评话、丹徒南乡田歌、孙氏太极拳、舞龙
运河名人	镇江市区、丹阳市	许浑、张祜、李白、马可·波罗、冷遹、陆小波、乾隆
运河传统美术	镇江市区、丹阳市	剪纸、正则绣、烙铁画、面塑、泥塑、刻瓷、太平泥叫叫
运河民俗	镇江市区	都天庙会

四、大运河研学旅行发展中存在的问题

（一）研学旅行发展的推动力度大，但大运河研学旅行的推动力度亟待加强

自 2013 年国务院颁布《国民休闲旅游纲要（2013—2020 年）》首次提出要逐步推行中小学生研学旅行的设想以来，国家教育部和

旅游部等相关部门颁发了20余个文件，制定研学旅行活动指南、服务规范、工作指南、指导纲要，通过专项公益金等方式支持研学旅行，评选研学实践教育基地，体现了国家层面大力推动研学旅行落地发展的态度，也取得较好成效。

2016年国家旅游局公开首批20个全国研学旅游示范基地，2017年教育部办公厅公布首批204个全国中小学生研学实践教育基地，遗憾的是没有一家和大运河及大运河文化相关的单位，可见大运河研学旅行的推动力度亟待加强。2019年，江苏省文旅厅首次公布了46条精品研学旅游线路，其中包括大运河江苏段的水利工程游，表明江苏省对大运河研学旅行有一定的关注。[2]

（二）大运河研学旅行载体丰富，但旅游产品设计创新性不强、吸引力不足

大运河镇江段的旅游资源十分丰富，为研学旅行提供了强有力的载体，但镇江市的研学旅行尚处于起步阶段，运河沿岸的遗产类型种类虽然丰富，但大多以静态的旅游景区、博物馆陈列为主，难以吸引中小学生。大运河研学旅游产品设计思路陈旧，仍以沿线景区的传统组合嫁接为主，比较单一，从体验的形式和体验的效果来看，还是缺乏创新，对学生群体的吸引力不足。

（三）大运河研学旅行发展迅速，但课程化设计的“旅”“学”融合度不高

大运河申遗成功后，旅游市场上开始出现与之相关的研学旅游产品。自国家大力发展研学旅行之后，各地纷纷推出大运河研学旅行产品。研学旅行如雨后春笋在全国遍地开花，迅速发展，受到学校、家长和社会的高度关注。如南京博物院开启大运河文化进校园系列活动，开展赠书活动，实施青铜宝贝研学项目；扬州开展“感知大运河　保护地球村”国际青年研学之旅和暑假“大运河文化”研学活动；常州开启“云端”研学，邀约海外华裔青少年体验大运河文化；各高校也在暑期社会实践中开展运河研学之旅。大运河镇江段是江南运河屋脊，南北航运枢纽、水利工程技术典范，镇江博

物馆“运河风情‘镇知道’——寻访镇江大运河文化带”项目，成功入选2021年江苏省博物馆教育优秀案例示范项目名单。

在实践过程中，由于研学旅游市场行业的市场准入门槛缺乏标准，造成目前市场上的研学旅游产品跟研学的关系不大，成为一种变相的集体出游活动，研学旅行通常由旅行社来组织，无法保障研学活动的专业的课程设置和师资配备，无法保证研学旅游的严谨和规范，更无法达到预定的育人效果，偏离教育初衷。

（四）大运河研学旅行组织形式丰富，但监督管理工作亟待完善

笔者经过调研和关注运河网、研学旅行等公众号，发现目前大运河研学旅行的组织形式大致如下：博物馆组织的大运河文化进校园的研学特色活动、中小学校集体出行的研学特色活动、高校组织的以大运河研学为主题的寒暑假社会实践活动、各类社会教育培训机构或旅行社组织开展的大运河研学活动。大运河研学旅行的监督管理工作显得粗放，在运行、抵抗风险、安全责任等方面还不够成熟，管理标准、监管主体、监管举措、服务标准、收费标准等尚未纳入政府监管范畴，缺乏强有力的监督管理，从而导致市场上出现名不副实的大运河研学旅行活动，极大地损害了中小学生的利益。

五、大运河镇江段研学旅行的发展路径

（一）加强政策导向，政府积极引导和推动发展

日本是亚洲地区研学旅行开展早、发展完善的国家，因政府高度重视，早在1946年就正式将研学旅行纳入国家教育制度体系，至今研学旅行实施比例从小学到高中基本达到95%以上。[3] 镇江市应加强调研，推动各县市区不断出台推进大运河研学旅行的实施意见、制定大运河研学基地的评分细则、研学旅行导师的申报细则、安全预案等相关政策，支持镇江大运河研学旅行行业的发展，规范行业标准。

（二）完善配套设施，开发大运河镇江段研学旅行的沉浸式体验产品

随着人民生活水平的提高和旅游消费的升级，大运河镇江段研学旅行应当借助高科技，依托大运河镇江段沿线配套设施的完善，通过营造真实环境，开发具有吸引力的大运河研学旅行产品。让学生能通过耳朵、眼睛、鼻子、手等器官，切实地感受到运河千百年来的沧桑变化，身临其境地参与其中，在研学实践中深化对自然、科技的认识及人与自然和谐共生关系的理解。如根据景点特色，通过游客直接参与或者通过 AR、VR 等虚拟仿真技术创设一个和历史上的运河名人交互的场景，在 360 度运河实景中选择不同朝代的运河风貌，选择自己想要扮演的角色和衣着，与运河名人进行网络交互，以体验运河文化的历史底蕴与多种文化的融合，使自身知识和道德水平得到提高。沉浸式的研学体验使中小学生通过观察、体验、思考及团队的合作，思维能力和创新精神有所提高，进而对大运河产生真切感受和新观念。

（三）构建课程体系，促进大运河镇江段研学旅行“研”“学”深度融合

梳理研学课程资源和中小学学科课程内容，试图从学科内容中挖掘大运河研学旅行项目，找到研学游中的历史文化、哲学、宗教、建筑、园林、民俗、饮食、艺术、风物特产等与中国文化和学科知识点之间的对应关系，增加大运河文化方面的现场研学。

在构建大运河镇江段研学旅行课程体系时，坚持学科知识融合的理念，以“促进研学课程与学科课程深度融合”为目标。为实现以上理念和目标，在大运河镇江段研学旅行中的运用主要表现为：（1）思想政治与历史的融合。通过新丰车站抗日战斗遗址和总前委、三野司令部旧址等红色资源，传播红色文化，培养学生爱国、爱党的感情。（2）地理与文学、历史、美食的融合。在西津渡历史文化街区和运河广场，可以朗诵张祜、许浑等人的诗，设计“诗词运河”为主题的研学课程，厚植学生的人文底蕴，培养其文化自信。在镇

江锅盖面品鉴馆和镇江醋文化博物馆体验运河美食，观看和体验镇江锅盖面、镇江醋的制作，品尝镇江美食，让学生全程参与，理解当时的生活环境和社会环境，亲身体验运河与美食文化的关系。（3）物理与水利、哲学的融合。现存的京口闸遗址，是古代江南运河第一闸，宋朝时与腰闸、中闸、上闸、下闸、积水澳和归水澳配合形成京口闸澳系统，发挥着通航、蓄水、引水、引潮、避风等功能，是宋代最先进的水利工程。明清时期的京口闸闸口设有闸门槽、闸墩、绞关石柱等设施，它们的使用中有滑轮组等物理知识的运用。因此可以设计用连通器原理解释闸的运行轨迹，用滑轮等物理知识解释明清时期京口闸闸口闸门槽、闸墩、绞关石柱等设施，用哲学中系统论观点解释人与客观规律的关系等研学课程。

（四）建立监督机制，保障大运河镇江段研学旅行服务质量

建立健全以“教育部门主导，行业组织、学校和企业积极参与”的大运河研学旅行服务监督机制。

履行属地管理责任，落实对镇江市辖区中小学大运河研学旅行活动的管理职责。辖区教育局加强对学校大运河研学旅行活动的指导和管理，严格执行有关收费政策并公开收支使用情况，确保研学旅行活动公益性原则；和学校共同制订科学有效的安全保障方案；提倡统筹中小学生综合实践与研学旅行课程，使研学旅行和学校课程有机融合，与课堂教学相互衔接；将研学旅行纳入学校整体工作评价和考核评价体系。

严格落实主体责任，在研学旅行组织实施前，学校应向所在辖区教育局提交组织方案、安全和应急处置预案等材料，报所属区教育局审核备案[4]；要完善各学段各年级的大运河研学旅行课程的个性化设置；要加强组织过程管理，研学前精心设计和安排活动，提出要求，做好指导，研学中高效组织与管理活动，注重分享协作，研学后呈现和交流活动，为学生展示成果提供舞台，注重教育效果的提升；完善研学旅行评价机制，对学生参加研学旅行的情况和成效进行科学评价。

旅游企业按照《研学旅行服务规范（LB/T 054—2016）》进行项目组长、安全员、研学导师、导游人员等相关人员配置、提供符合要求的研学旅行产品和服务项目，确保安全和服务质量，并签订合同，按照合同约定履行合同义务。

六、小学大运河镇江段研学旅行课程设计示例

研学旅行和一般的旅游活动不同，除了旅游功能外，还具有教育功能，研学旅行的本质是一种课程。根据泰勒课程理论，本示例将从确定课程目标、根据目标选择课程内容、根据目标组织课程内容、根据目标评价课程四方面提出小学阶段大运河镇江段研学旅行课程设计。

（一）课程目标定位

明确的课程目标是指导学生在研学旅行中完成学习任务，达到既定教育教学效果的基础。根据小学生所处的身心发展阶段设计目标，研学导师在进行课程实施的时候才能任务明确，确保规范。

根据国家旅游局印发的《研学旅行服务规范（LB/T 054—2016）》，参与研学旅行，小学一至三年级以乡土乡情为主；四至六年级以县情市情为主；初中年级以县情市情省情为主；高中年级以省情国情为主。结合大运河镇江段及其周边的自然景观、水工及附属设施、非物质文化遗产、运河文化精神、建筑景观等内涵，确定小学生大运河镇江段研学游的课程目标如下：

知识目标：

了解大运河镇江段背后的故事、诗词等文学作品、运河民俗文化，渡口、码头、桥梁、船闸、埭等运河水工及附属设施知识，学习和感受运河美食文化，体验传统体育项目。

能力目标：

1. 培养学生收集和整理资料的能力。在研学课程实施前学生通过采访、实地勘探、利用网络、查阅书籍和杂志等途径收集有关大

运河研学旅行课程内容的资料，以此了解运河的历史故事和发展现状。

2. 培养学生的观察能力、表达能力和实践能力。在课程过程中让学生亲近运河，触摸社会，观察运河风光及周边历史遗存，体验运河沿岸生活感受，研学结束后学生能清晰表达感受和展示作品。

3. 培养学生团队合作、独立生活的能力。研学旅行课程中需要学生与学生之间进行合作，因此，只有通过不断的沟通和合作形成团队的凝聚力才能完成学习任务，同时伴随着研学中生活自理能力的不断提高。

情感、态度、价值目标：

培养学生勇于探究的科学精神，形成人与自然和谐共生和可持续发展的理念。

核心素养目标：

使学生真切认识和了解大运河镇江段和家乡，激发学生认同乡情和国情，热爱家乡和祖国，初步树立中华民族文化的自信心，进而增强继承和保护大运河的责任感，主动践行绿色生态观。

（二）选择课程内容

大运河镇江段的研学旅行课程重在培养学生对大运河镇江段及对家乡镇江的兴趣，通过实地勘察、体验等学习形式对大运河镇江段的历史和现状有所发现与感悟，为参与互动和科学考察探究创造前提条件。

大运河研学旅行课程内容的选择应遵循尊重学生兴趣、结合地域文化、理论联系实际的原则，研学导师应充分考虑参加研学学生的年龄、思维、兴趣、综合能力等因素，选择适合学生当前发展和需要的个性化课程内容，也可充分发挥学生自主性，师生共同选择课程内容，论证可行性。通过梳理大运河镇江段的旅游资源和小学阶段学科内容，做好研学课程资源与学科课程内容的有效畅通的衔接，如图 1 所示：

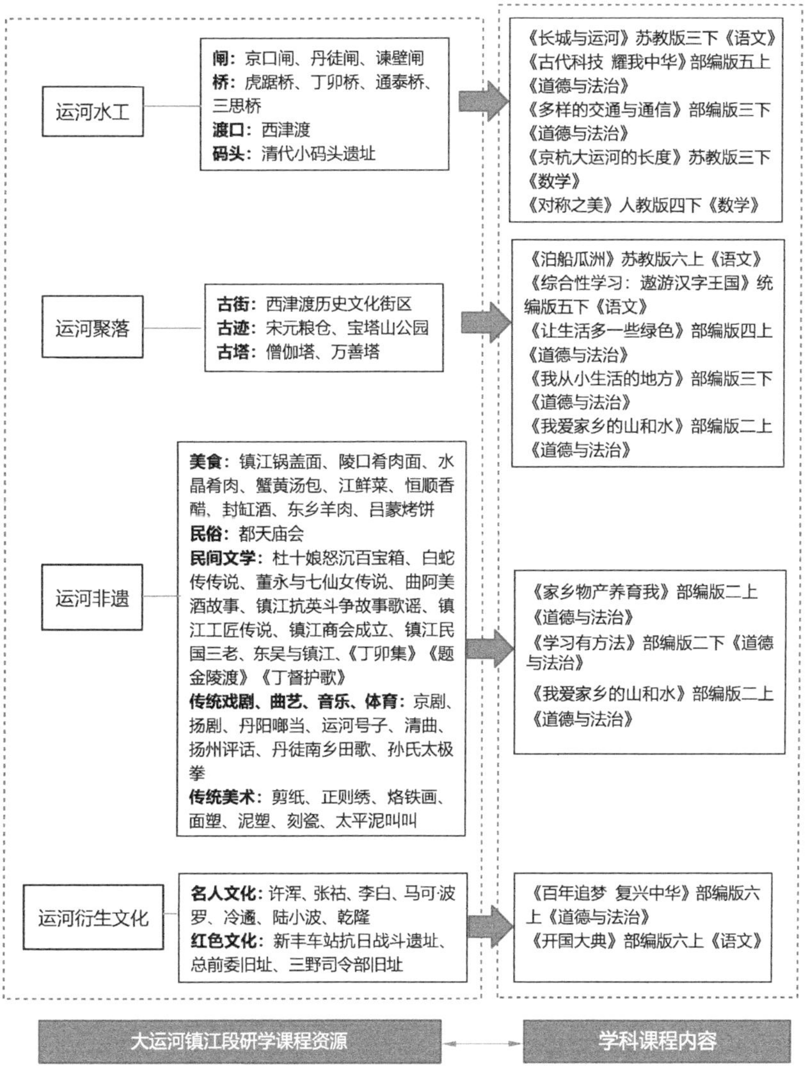

图 1　大运河镇江段研学课程资源与学科课程内容的衔接

（三）组织课程内容

课程内容是研学旅行的核心，是吸引学生的关键。为提高大运河研学旅行课程化的质量，将课程内容组织分为研学前、研学中、研学后三个阶段。

1. 研学前

做好研学前的准备工作，邀请运河研究专家拍摄微课视频，内容包括大运河申遗历程、文化、水利知识等，课题的研究方法，照片和视频的拍摄方法等；提供参考书籍和网站、微信公众号等资源；研学导师提前发布本次研学任务，提供多个研学课题，学生在规定时间内完成视频学习任务，选择感兴趣的研学课题，研学导师将共同选题的学生进行分组，小组成员根据课题收集资料，梳理问题，向研学导师提问，并参与问题讨论。

2. 研学中

研学中是探究的过程，通过实地考察和面对面交流的形式，研学导师要引导学生带着行前的课题任务，在大运河镇江段沿线的遗址遗迹、博物馆等现场去探索研究大运河文化，研学内容涵盖大运河“食、住、行、游、购、娱”的六大要素，研学导师进行现场答疑，小组成员协作初步完成研学课题，研学导师在白天研学结束后组织学生晚上进行分享、讨论、交流等活动，优化小组的研学课题。

3. 研学后

完成研学旅行之后，研学导师组织学生采用丰富多样的展示方式，如表演、演讲、辩论、手抄报、板报、PPT、Vlog 等形式进行成果展示，分享在旅行过程中所获取的知识、技能及研学旅行成果，展示结束后将优秀成果上传至网络平台；在条件许可时，可邀请家长旁观和参加座谈会，交流心得体会，共同见证研学旅行成效。

（四）评价课程

为了促进学生全面发展，培养学生的文化基础、自主发展和社会参与的核心素养，对其在学习过程中的情感态度、价值观、综合实践能力进行评价，改变结果取向的传统评价模式，关注学生从研学前准备工作到研学结束后的展示中的全部表现，进行科学全面的全过程评价。

参考文献：

［1］教育部等 11 部门．关于推进中小学生研学旅行的意见［EB/OL］．（2016－12－19）［2021－09－22］．http：//www．moe．gov．cn/srcsite/A06/s3325/201612/t20161219_ 292354．html．

［2］李玮．大运河国家文化公园研学旅游发展初探：以江苏段为例［J］．科技创业月刊，2020（7）：52－55．

［3］冯鹏飞．研学旅行与高中历史教学有机融合途径研究［D］．信阳：信阳师范学院，2020：1－48．

［4］新浪财经．北京市教委加强中小学研学旅行管理［EB/OL］．（2021－02－08）［2021－09－22］．https：//baijiahao．baidu．com/s?id=1691077535507102563．

新时代镇江大运河文化带“体旅融合”高质量发展路径探索

王　平*

一、研究背景、意义，以及研究对象与研究方法、研究内容

（一）研究背景

大运河是中华民族创造出的伟大工程，具有重要的历史文化价值，是一种以运河为主线的“点面结合文化遗产”。大运河遗产作为典型文化资源，其涵盖自然资源、历史资源、经济资源、文化资源等，展现出独特的社会经济文化价值。2019 年 2 月《大运河文化保护传承利用规划纲要》的颁布，使得大运河开发、保护和传承利用上升到国家层面。

从现实需求来看，随着大运河文化保护传承利用“四梁八柱”规划体系形成，依托运河资源进行旅游开发，成为运河沿线城市塑造运河文化的重要抓手。2019 年，江苏省率先出台大运河文化带建设的地方性法规，并提出要把大运河文化带打造成“高品位、高水平的文化长廊、生态长廊、旅游长廊”，并将“体旅融合”作为旅游长廊建设的重要内容。2020 年，江苏发行大运河文化带建设专项

* 王平，江苏科技大学教授，研究领域：体育教学训练与体育管理。

债券，创新多元化投融资模式，推动运河沿线文化保护与开发，推动“体旅融合”发展。2021 年颁布的《江苏省大运河文化保护传承利用实施规划》，与运河沿线城市相关规划共同形成“1+1+6+11”规划体系。江苏省紧抓大运河文化保护传承利用的契机，从政策、法规和资金方面多点位发力，为大运河文化带沿线城市“体旅融合”高质量发展，提供基础性保障和先决条件。

从现实诉求层面来看，目前大运河镇江段“体旅融合”开发深度、广度不够，效果不佳。如何积极高效地把握这次大运河文化带建设契机，打造“体旅融合”发展的典范，仍需理顺自身资源特征、价值表现和空间开发，明确自身不足。我们需要在保护、传承和利用的前提下，构建镇江大运河文化带“体旅融合”高质量发展的新路径。

（二）研究意义

1. 理论意义

目前对于镇江大运河文化旅游研究相对比较少，而针对“体旅融合”的研究更少。从现有研究成果看，至少有两大体育旅游资源有待开发与提升，即参与型体育旅游资源和观赏型体育旅游资源，针对以上问题，结合镇江城市建设的高质量发展，大运河文化带体育旅游的空间还需进一步开发。因此，本文的研究将对大运河镇江段体育和旅游资源特点、价值表现、相关文化资源保护和空间开发提出一些理论上的建议。

2. 现实意义

本文针对镇江大运河文化带体育和旅游资源特征、价值表现（使用价值、体验价值、社会价值和经济价值）和空间开发等进行梳理，分析归纳出镇江大运河文化带“体旅融合”发展存在的现实难点、堵点问题，为相关政府制定政策提供一定的参考意见。同时，也有利于促进镇江大运河文化带“体旅融合”高质量发展。

（三）研究对象与研究方法及研究内容

1. 研究对象

本文以“新时代镇江大运河文化带‘体旅融合’高质量发展路径探索”为研究对象。

2. 研究方法

（1）文献资料研究法

在江苏科技大学图书馆和镇江市图书馆及中国知网数据库查阅有关大运河文化带文化、体育、旅游的相关资料，并进行分析、归纳、总结，为本课题后续研究提供可靠的文献支撑。

（2）专家访谈与实地考察法

为了进一步深刻了解镇江大运河文化带文化、体育、旅游的有关史料，咨询相关专家并对其进行访谈，寻求他们的看法和见解，沿镇江大运河文化带对公园、湿地、山体、城镇进行实地考察，并获取宝贵的第一手资料和权威意见。

（3）文本分析法

通过梳理有关镇江大运河文化带历史史料，从中找出最为频繁的关键实词，分析镇江大运河文化带体育旅游的生态价值、经济价值、使用价值、体验价值和社会价值。

（4）逻辑分析法

对获取的镇江大运河文化带体育旅游的资料进行归纳与科学分析。

3. 研究内容

（1）镇江大运河文化带“体旅融合”的资源特点，即人文资源特点、特有的运河文化特点、体育人文和环境资源相得益彰特点。

（2）镇江大运河文化带“体旅融合”的价值表现，即使用价值、体验价值、社会价值、经济价值、生态价值。

（3）镇江大运河文化带“体旅融合”的空间开发，即体育公园空间开发、体育特色小镇空间开发、体育公共服务空间开发。

二、新时代镇江大运河文化带“体旅融合”的资源特点

“体旅融合”发展是新时代产业发展的新趋势和新特征。目前，在大众旅游消费的时代，“体育+旅游”的深度体验和文旅融合①，受到大众的推崇和热爱。

现有“体旅融合”研究有两个视角：一是从体育学角度研究“体旅融合”，强调开展体育运动休闲等活动中，要强化与旅游项目有机结合，从而促进体育休闲产业的发展；二是从旅游角度出发，强调在推进旅游业发展中，要积极融入体育元素，即一种以旅游产业特点为主，体育元素为辅的发展模式。通过相关文献梳理和分析，研究认为“体旅融合”其实就是一种具有体育产业特征和旅游产业特征的创新型服务产业业态②。“体旅融合”发展模式大致包括互补型、嵌入型和延伸型 3 种类型③。镇江大运河文化带“体旅融合”高质量发展，其主体应该是以“运河”为空间载体，围绕运河文化开展体育旅游项目发展，在满足运河文化保护传承同时，促进经济社会和体育文化协调发展。

综上所述，本文认为镇江大运河文化带“体旅融合”应该是一种以大运河文化为主线，体旅融合互补型发展模式；通过运动休闲和个人体验贯穿旅游活动的始终，让游客在运动休闲项目中体验身心愉悦。此外，需要指出的是，体育休闲项目发展，应该积极渗透到大运河文化带建设各环节。

基于上述观点，本文从镇江大运河文化带的资源出发，将大运河镇江段“体旅融合”资源大致分为参与型和观赏型体育旅游资源

---

① 王庆生，贺子轩．基于扎根理论的天津地域体育文化与旅游融合发展新路径研究［J］．经营与管理，2021（5）：158-162.

② 鲁志琴，陈林祥，沈玲丽．我国“体旅文商农”产业融合发展的内在逻辑、作用机制与优化路径［J］．中国体育科技，2022，58（6）：81-87.

③ 冯欣欣，林勇虎．基于体验经济的体育产业与旅游产业融合模式及其实现机制［J］．体育文化导刊，2017（9）：108-112.

（见表 1）。

表 1　镇江大运河文化带“体旅融合”资源

类别	亚类型	基本类型
参与型体育旅游资源	地域体育旅游资源	金山寺、金山江天禅寺、焦山定慧寺、宝华山隆昌寺、茅山道院、金山、焦山、北固山、镇江南山风景区、镇江博物馆、镇江民间文化艺术馆、圌山、五柳堂、冷遹故居、韦岗伏击战纪念馆、四县抗敌总会纪念馆、沈括故居梦溪园、中国米芾书法公园、新区航空小镇、镇江世业洲体育休闲小镇等
	水域体育旅游资源	滨江湿地、金山湖、宝塔山公园、伯先公园、河滨公园、赤山湖、九曲河等
观赏型体育旅游资源	文化遗产	体育遗产类：孙氏太极拳、龙舟竞渡、马灯镇舞等 文化遗址类：莲花洞、城头山、丁沙地、断山墩、戴家山、龙脉团山、枕子山、马迹山等 红色文化遗产：茅山新四军纪念馆、丹阳总前委纪念馆、新四军四县联合抗日会议会址纪念馆、苏南抗战胜利纪念碑、韦岗战斗纪念碑等 著名人物类：唐家璇、陆懋曾、姜夔生、顾梅君、包宗顺、夏霖、戴敦邦、孙绣君、田丽丽、张雅琴、陈光甫、李为农、张泽生、陈华、匡亚明、王详、柏文等 民俗技艺类：正则绣、邮票拼贴画、铜板彩画、剪纸、南乡桃花、南乡田歌等
	文化空间	上河书房、宝堰古镇、延陵古镇、千华古镇、儒里古镇、葛村古镇、西津渡历史文化街区等
	体育赛事	镇江国际马拉松、城市业余五人篮球联赛、镇江城市业余联赛航空模型比赛等
	文化盛事	文化节日：元宵节猜灯谜、梅樱节、焦山桂花节、茅山香期庙会、镇江世业洲音乐节等

镇江大运河文化带“体旅融合”资源大致呈现以下特征：

一是文旅资源丰富。镇江是国家历史文化名城，大运河文化带在镇江地区文旅资源大致包括：大运河非物质资源、大运河遗产资源及关联性资源 3 种。其中，镇江古运河非遗项目有 52 项、大运河遗产有 76 处及关联性资源有 4 处。相关文旅资源涵盖民间民俗、传统美术、传统体育等多个方面。内涵丰富多样的人文环境孕育了大运河镇江段独特而又多彩的文旅资源。

二是独特的地理位置和漕运文化。主要体现在：镇江地处大运河和长江交汇点，南北文化交汇的“吴头楚尾”。运河文化（漕运文化）对全民健身产生极大激励。“孙氏太极拳”“龙舟竞渡”“马灯镇舞”等，无不彰显中华传统体育文化地缘特征。西津渡历史文化街区，体现出古时漕运文化、商业文化的繁荣。

三是体育资源和环境资源协调发展。镇江可利用沿江资源，每年举办镇江国际马拉松，推动城市“体旅融合”发展。南山绿道全程 5.13 千米，途经优美的南山风景区，是一条专门设计供市民游客骑车、散步、毅行等健身休闲活动道路，被评为“江苏省最美跑步路线”。在《镇江市区公共体育设施布局规划（2016—2030 年）》中，7 处体育公园和 23 条健身绿道，共同构建“两区八环多点”总体格局，极大促进旅游景点和体育元素的有机结合。在“体旅融合”发展的背景下，登山、山地自行车、露营、赛艇、皮划艇等体育休闲旅游业才会等到高质量发展。城市业余五人篮球联赛、镇江城市业余联赛航空模型比赛等群众体育赛事活动也蓬勃发展。

三、新时代镇江大运河文化带“体旅融合”的价值表现

（一）新时代镇江大运河文化带“体旅融合”价值内在诉求

镇江大运河文化带“体旅融合”价值是大运河文化带镇江段所表现出来的有利因素的集合，其根源在于其内在独特的属性。从价值表达来看，大运河文化带镇江段“体旅融合”的价值表达是一种以客体为主的价值存在。镇江大运河文化带“体育+旅游”的发展模式应该包含多个层级消费者体验和多个市场行为主体的参与①。

---

① 秦立凯．大运河文化带生态体育旅游的价值表现及空间开发模式研究：以大运河安徽段为例［J］．南京体育学院学报，2020，19（9）：7-11.

从当前对《大运河文化保护传承利用规划纲要》的解读来看，重点突出了文化基因保护传承、绿色生态带、缤纷旅游带等内容。因而，对大运河文化带镇江段“体旅融合”高质量发展应该从社会、经济、体验、生态和使用价值表达出发，使价值体系中的每个主体都能达到价值诉求的充分实现和彼此和谐①。

大运河镇江段地处大运河和长江交汇点，镇江在满足城乡居民多层次体育需求的同时，积极编制《镇江市区公共体育设施布局规划（2016—2030 年）》，将休闲健身场地设施与生态旅游、乡村旅游、休闲体验旅游、景区旅游、观赛旅游等业态融合发展。既强调生态文明建设重要性，又将体育休闲产业发展价值诉求融入整个经济社会文化发展中。从镇江打造“骑行看镇江”，规划的“两区八环多点”的总体规划来看，许多体育设施布局以沿运河、沿江、沿路、沿山、沿湖打造人文景观与自然资源和谐发展。因此，大运河文化带镇江段“体旅融合”高质量发展诉求应该紧紧围绕“体旅融合”的价值内在诉求，把文化基因、人文景观、自然资源的和谐发展放到首要位置，突显生态文明建设的价值取向。

（二）新时代镇江大运河文化带“体旅融合”价值表现

现有研究“体旅融合”价值表现主要是从社会、经济、体验、生态和使用等方面描述价值。大运河文化带镇江段“体旅融合”的价值表现的落脚点在于两个方面：一是满足大运河文化带保护、开发和传承等功能；二是满足居民的需求，即提升需要满足物质、精神和情感 3 个维度需求②。

1. 使用价值

“体旅融合”本质上是以服务业为主导的产业业态，游客、旅游

① 李德顺. 价值论：一种主体性的研究［M］. 3 版. 北京：中国人民大学出版社，2013：22.

② 汪丁丁. 论中国社会基本问题［J］. 财经问题研究，2012，4（9）：3-10.

产品被看作是操作性资源而非对象性资源①。知识、技术和精神等动态的无形资源（操作性资源）在价值表达过程中起到关键性作用。使得以游客为中心的“体旅融合”产业业态中应当更加注重旅游过程的游客的个性化需求和体验。例如，镇江打造的“骑行看镇江”、健身绿道的布局、体育旅游产业布局等，在充分考虑地方自然山水资源相协调发展之时，还需充分考虑游客个性化需求。在利用大运河文化带水资源上，除了需要合理规划旅游路线，还需积极增加各类户外项目（如山地自行车、露营等）、旅游竞技（如赛艇、皮划艇、钓鱼、龙舟等）等。

2. 体验价值

体验价值是指顾客从提供的“体旅融合”产品或者服务中获得内心感受的价值。从体验经济视角来看，当前大运河文化带镇江段“体旅融合”的体验价值主要包括参与型体育旅游资源和观赏型体育旅游资源。其中，参与型体育旅游资源包括了地域体育旅游资源和水域体育旅游资源；观赏型体育旅游资源包括了文化遗产、文化空间、体育赛事和文化盛事。它们都是在历史积淀中逐渐发展凝聚而成的，是“体旅融合”高质量发展的物质基础。在充分挖掘镇江运河文化基础上，要把旅游景点、旅游景区、各类公园通过旅游线路串联在一起，要以大型体育赛事、运动休闲项目和体育特色小镇为载体，通过“体育+旅游”的方式，积极推动镇江休闲城市形象塑造并推动体育旅游产业业态发展。

3. 社会价值

从现代语境讲，社会价值反映了从发展目标、发展方式到发展结果的一种动态过程。在以“大运河文化保护传承利用”的前提下，“体旅融合”更多的社会价值是游客参与“体旅融合”的旅游活动时，深刻地领悟和感受大运河文化的魅力，获得体育人文精神的熏陶，从而获得身心愉悦和健康锻炼。正如，镇江打造的“两区、八

---

① 秦立凯. 大运河文化带生态体育旅游的价值表现及空间开发模式研究：以大运河安徽段为例［J］. 南京体育学院学报，2020，19（9）：7-11.

环、多点”的总体布局中，沿运河和沿长江带的户外运动，可以有效促进游客的身心放松，有效感知镇江运河人文景观和独特的镇江漕运文化。例如，每年举办镇江国际马拉松，通过大型体育赛事，让民众参与健身活动，体验镇江大运河文化和漕运文化，提升大运河文化带镇江段“体旅融合”发展的社会价值。

4. 经济价值

经济价值是推动大运河文化带“体旅融合”高质量发展的主要动力。在发展体育旅游的过程中，“体旅融合”产业业态的发展，其基本功能就是促进当地经济发展。2019 年，江苏旅游业总收入 14321.6 亿元，增长 8.1%，游客消费总额 4583.0 亿元；其中，大运河消费亮点凸显，乡村旅游、养生旅游、体育旅游等旅游业态不断发展。特别是新冠肺炎疫情影响下，江苏省积极推动大运河体育系列赛事活动（马拉松、竞走与行走、城市足球等），促进大运河文化带沿线城市经济发展。与此同时，江苏省政府利用专项债券，投向镇江古运河（上段）综合整治、无锡惠山水环境综合整治提升等大运河文化带建设和大运河国家文化公园建设重点项目①；其意图就在于，通过政府“有形的手”的作用，推动大运河文化保护传承的同时，通过“体旅文商农”产业融合发展助力地方经济发展。镇江世业洲体育休闲小镇被评为江苏体育特色小镇。2021 年，镇江培育体旅休闲产品，成功举办第二届长三角自驾游产业发展大会。特别是在五一、十一黄金周等节假日，开展户外旅游加乡村旅游采摘成为休闲运动的新发展趋势。“体育+旅游”发展模式为提高城市形象，打造精品体育旅游路线，带来巨大的经济和社会效益。

5. 生态价值

生态价值是人与自然和谐相处的前提。镇江“体旅融合”高质量发展是离不开生态文明建设要求的。从体育公园规划、健身绿道

---

① 中华人民共和国中央人民政府. 江苏发行全国首只大运河文化带建设专项债券 [EB/OL]. (2020-05-13) [2022-01-17]. http://www.gov.cn/xinwen/2020-05/13/content_5511162.htm.

规划到体育旅游产业布局，镇江紧紧利用沿江、沿水、沿山构建“体旅融合”生态圈，将镇江的山水自然资源、历史人文景观、民俗民间风情和体育设施资源进行有机整合，加快推进运动休闲特色小镇建设。到 2030 年，镇江规划建成 7 处体育公园，利用沿湖、沿河、沿铁路两侧绿化带打造体育公园 5 处，面积 20 公顷；建设健身绿道 23 条，依托金山湖景区、南山景区、大禹山、圌山、谷阳湖、大港北湖公园、世业洲、江心洲打造“八环”绿道系统。在发挥山水花园城市基础上，依托沿运河、沿江、沿景区的优势，着力打造户外和水上运动，推动镇江体育旅游品牌的发展。

四、新时代镇江大运河文化带“体旅融合”的空间开发

基于“城市体育空间”理论，城市之间的竞争加剧，其空间生产成为政府部门提高城市竞争力的重要手段。体育作为城市的一种文化和经济构成要素，其空间的生产不仅作为城市发展的一部分且常被采纳为城市增长的重要策略。本研究提出以下“体旅融合”的空间开发模式：以体育公园、体育特色小镇、体育公共服务为载体，打造“体旅融合”高质量发展新路径。

（一）景观空间：体育公园和国家文化公园协同发展

体育公园是集运动、休闲、文化、景观为一体的公园。习近平总书记将建设国家文化公园定义为是推动新时代文化繁荣发展的重大工程。2021 年，《大运河国家文化公园建设保护规划》的出台，为大运河沿线 8 个省市保护传承大运河文化提供了政策指导。镇江作为大运河文化带上重要的节点城市，其独特的运河文化、漕运文化、吴楚文化、民俗文化、古渡文化等，为挖掘大运河文化价值，打造国家文化公园提供了先决条件。通过以大运河国家文化公园建设为重要抓手，把体育公园建设作为建设国家文化公园重要的一部分，将有利于推动国家文化公园内涵诠释和特征突显。体育公园的打造，也有利于建设一批生态体育文化公园，让镇江大运河文化带

更具吸引力。例如，金山湖水上体育公园打造，可以依托其蕴含的“白娘子民间故事”、西津渡古街古渡文化和漕运文化、体育文化和生态文化等，打造一个国家体育文化公园。

（二）产业空间：体育特色小镇和城市转型升级同步

体育特色小镇是集运动休闲、旅游、养生、文化等元素为一体的产业集聚体。2016年，江苏省人民政府颁布《关于培育创建江苏特色小镇的指导意见》指出：培育特色小镇要产业特色鲜明、人文气息浓厚、生态环境优美等。2016年，江苏省体育局颁布《关于开展体育健康特色小镇建设工作的通知》，指出体育特色小镇主要发展方向应该具有1个或多个重点规划，如体育健身服务，户外运动休闲，体育赛事活动，体育特色培训，体育用品制造，体育与健康，旅游、养老、文化等相融合的产业领域。大运河文化带镇江段旅游资源和农业资源丰富，城市转型升级应该紧紧依靠自身资源禀赋条件，着力打造“体旅+文商农”融合发展模式。以体育企业、旅游企业或者组织为融合体，依托体育特色小镇、体育服务综合体、体育产业示范基地等，积极打造产业集聚区，建立健全“体旅融合”、商业服务、交通等配套基础设施，并以体育元素+旅游元素为核心拉动“文商农”融合业态发展。

（三）精品线路：江河名城和体育休闲城市融合发展

体育休闲城市是一种状态和结果。江河名城则是以长江和大运河为主线的城市建设产物。江河名城和体育休闲城市融合发展，有助于推动镇江地区培训特色“体旅融合”发展模式。从镇江的体育旅游资源来看，水域资源贯穿于整个城市。积极打造精品旅游线路将有助于大运河文化传播和发展，也有利于户外运动和水上运动的开展。以体旅融合的旅游线路为基础，在游览旅游景点的过程中，加入自行车运动、赛艇、皮划艇等体育项目、运河文化遗产探索等文化项目、民俗项目等体验项目等，可以为游客提供综合性的体验。以旅游线路将历史街区、古渡口、古镇等串联，可以增加体旅融合的旅游线路的文化内涵。

（四）公共设施：公共体育设施和城市规划协调并进

公共体育设施是体育公共服务重要内容，而体育公共服务是公共服务的一个重要领域。大运河文化带镇江段的公共体育设施还在进一步完善和调整之中，虽然镇江市出台了《镇江市区公共体育设施布局规划（2016—2030 年）》，明确了“两区八环多点”的总体规划，但是，相关公共体育设施如何适应城市规划协同并进，助力大运河文化带“体旅融合”高质量发展，还亟需从以下几个方面进行思考：第一，公共体育设施建设应该更加注重区域旅游资源分布特点，重点打造体育旅游集聚区的公共体育资源设施的有效供给，注重个性化的差异配置。第二，推动公共体育设施智慧化建设，逐渐完善体育公园、旅游景区、健身绿道等重点公共体育设施资源的智慧化体系构建。第三，建设“省—市—区”三级联动的体育大数据中心体系，提高公共体育设施管理服务水平，建立管护长效机制；厘清主体和监护责任，为推动休闲城市形象打好坚实基础。